식물이름 수수께끼

식물 이름 수수께끼

초판 1쇄 발행 2011년 2월 25일
초판 2쇄 발행 2013년 1월 30일

펴낸곳 루덴스 • **펴낸이** 이동숙 • **지은이** 김양진 • **그림** 권석인
편집 박정익 • **디자인** 모현정 김효정

출판등록 2007년 4월 6일 제16-4168호
주소 서울시 강남구 도곡동 957-11 극동스타클래스 307호 • 전화 02-558-9312(3) • 팩스 02-558-9314

값 9,800원 • ISBN 978-89-93473-31-5 74710 • ISBN 978-89-93473-22-3 (세트)

ⓒ 김양진, 권석인, 루덴스 2011

잘못 만들어진 책은 교환해드립니다.
책 내용의 전부 또는 일부를 재사용하려면 반드시 저자와 출판사의 동의를 받아야 합니다.

식물이름 수수께끼

김양진 글·권석인 그림

렌스

책을 내면서
우리말 식물 이름들은 어디에서 왔을까?

　과꽃, 찔레꽃, 수수꽃다리…… 이름만 들어도 정겨운 우리말 꽃 이름들이에요. 나무 이름도 곱새겨 보면 참 재미있어요. 갈참나무, 떡갈나무, 굴참나무며 이팝나무, 조팝나무, 물푸레나무, 가문비나무…… 하나하나 신기하고 친근한 이름들이랍니다.
　풀이름은 또 어떻고요. 강아지풀, 억새풀, 달개비에 마름, 고사리, 씀바귀에 이르기까지 우리 조상들이 붙여준 이름들에는 우리가 알고 있는 고운 우리말들이 살짝 얼굴을 가리고 숨어 있지요.
　우리 어린이들이 이 이름들에 다가와서 살짝 들추어 보기만 하면 언제든지 자기의 본래 뜻을 드러내주려고 말이지요.
　이 책은 우리 어린이들이 일상에서 흔히 만나는 꽃이며, 나무, 풀이름들하고 열매 이름, 과일 이름, 덩굴 이름, 버섯 이름들에 이르기까지 그 동안 무슨 뜻인지는 잘 몰랐지만 한번 알고 나면 절대로 잊어먹지 않을 진짜 이름들을 알려 주기 위해 쓰였어요.

어쩌다 한 번씩 만나는 나무며, 풀이며, 꽃들은 계절에 따라 변하고 어떤 것은 해마다 달라지기 때문에 이 풀이 지난봄에 봤던 그 풀인지, 이 나무가 지난해에 봤던 그 나무인지 헷갈리기 일쑤이지요. 하지만 우리 조상들은 어떤 나무든, 어떤 풀이든, 어떤 꽃이든 한 번에 바로 알아볼 수 있도록 이름을 지어 놨어요. 우리가 친구들에게 언제든지 금방 알아챌 수 있도록 별명을 붙이는 것처럼 말이지요.

우리가 친구들의 특징에 따라 까불이, 멋쟁이, 똘똘이, 번개 같은 별명을 붙이는 것처럼 우리말 식물 이름들도 그 식물의 모양이며 색깔, 냄새나 사는 곳, 사는 방식 같은 특징에 따라 이름을 붙여 놓았지요. 그래서 그 이름이 어디서 온 말인지를 한번 알아 두기만 하면 절대로 잊지 않고 만날 때마다 그 이름을 떠올릴 수 있답니다. 심지어는 외국에 가서 만나도 한번 기억한 그 이름은 절대 까먹어지지 않아요. 그 이름이 어디에서 왔는지 분명히 알기만 한다면 말이지요. 자, 그럼 우리말 식물 이름들이 어디서 왔는지, 다 같이 함께 찾아가 볼까요?

과꽃은 국화 국화는 구화 • 나리는 백합 백합은 통통통 • 개나리는 달라 가짜 나리꽃 • 배추꽃 장다리꽃 무꽃도 장다

차례

책을 내면서
우리말 식물 이름들은 어디에서 왔을까? 4

🌸 꽃 이름 이야기

과꽃 10 · 나리, 개나리, 미나리 12 · 메꽃 16 · 장다리꽃 18
복사꽃 20 · 진달래꽃, 달래꽃 22 · 수수꽃다리, 옥수수 24
해바라기, 달맞이꽃 26 · 찔레꽃 28 · 부레옥잠, 수련 30

🌿 나무 이름 이야기

참나무, 떡갈나무 36 · 미루나무, 포플러 40 · 단풍나무 42
버들개지, 버들강아지 44 · 오리나무 46
물푸레나무, 옻나무, 치자나무 48 · 비자나무, 가문비나무 50
이팝나무, 조팝나무 54 · 박달나무, 무궁화나무 58

🌱 풀 이름 이야기

강아지풀 62 · 고수풀 64 · 말, 마름 66 · 생강 68
닭의장풀, 달개비 70 · 억새풀 72

🌾 나물 이름 이야기

고비, 고사리 76 · 넘나물, 씀바귀 78

땡감 벗겨 곶감 꽂이 꽂아 곶감 • 뽕나무에 오디 새까만 오디 • 물이 많아 수박 물오이라 수박

콩 이름 이야기
강낭콩 80 · 땅콩 82

과일 이름 이야기
참외 84 · 곶감 86 · 감귤 87 · 오디 88 · 수박 90

열매 이름 이야기
고구마 92 · 돼지감자 94 · 박 96

넝쿨 이름 이야기
칡 100 · 등나무 102 · 수세미 103 · 으름덩굴 104

버섯 이름 이야기
송이버섯 106 · 석이버섯 107 · 목이버섯 108
느타리버섯 109 · 팽이버섯 110

권말 부록
교과서 어휘 100점 맞기 111
전국 초등학교 선생님들의 수업 활용 가이드
이 책은 이렇게 활용할 수 있어요! 133
정답 및 해설 143

초등 과학 교과 과정 연계표

학년/학기	단원	차례
1학년 1학기	2. 봄이 왔어요	나리, 개나리, 미나리/진달래꽃, 달래꽃/수수꽃다리/참나무, 떡갈나무/콩
	5. 자연과 함께해요	부레옥잠, 수련/박달나무, 무궁화나무/강아지풀/과일
1학년 2학기	4. 가을의 산과 들	단풍나무/열매
	6. 우리의 겨울맞이	해바라기, 달맞이꽃/단풍나무
2학년 1학기	7. 동물과 식물은 내 친구	해바라기, 달맞이꽃
4학년 1학기	3. 식물의 한살이	단풍나무/콩/과일
4학년 2학기	1. 식물의 세계	나리, 개나리, 미나리/메꽃/해바라기, 달맞이꽃/단풍나무/박달나무, 무궁화나무/강아지풀/말, 마름/닭의장풀, 달개비/나물/콩/넝쿨
5학년 1학기	5. 꽃	메꽃/해바라기, 달맞이꽃/찔레꽃
	7. 식물의 잎이 하는 일	해바라기, 달맞이꽃/물푸레나무, 옻나무, 치자나무/닭의장풀, 달개비/열매
5학년 2학기	1. 환경과 생물	메꽃/부레옥잠, 수련/참나무, 떡갈나무
	3. 열매	단풍나무/비자나무, 가문비나무/콩/과일
6학년 1학기	5. 주변의 생물	나리, 개나리, 미나리/메꽃/해바라기, 달맞이꽃/박달나무, 무궁화나무/나물
6학년 2학기	3. 쾌적한 환경	버섯

Tip!

★ 각 장마다 식물 어원을 아는 데 열쇠가 되는 말들이 노래하듯 실려 있어요. '원숭이 엉덩이는 빨~개 빨간 것은 사과' 이 노래 알죠? 이 노래에 맞춰 각 장마다 적혀 있는 가사 대로 흥얼거려 보세요. 어느새 식물 이름이 머릿속에 통째로 쏙!

★ 중간중간에 식물 이름과 관련된 속담이 숨어 있어요. 어떨 때 쓰는 속담인지 알아보고 친구들, 선생님, 부모님과 대화할 때 속담을 섞어 얘기해 보세요.

★ 부록으로 식물 어원과 관련된 단계별 문제가 실려 있어요. 시험에서 자주 틀리는 문제들이 실려 있으니 꼭 풀어보세요.

★ 이 책을 조금 먼저 본 선생님들의 수업 활용 가이드가 실려 있어요. 아빠엄마가 아이들에게 어원을 이야기해 줄 때, 선생님이 학생들에게 어원을 설명할 때 참고해서 활용할 수 있어요.

★ 식물 이야기마다 관련된 교과 과정이 실려 있어요. 교과서를 찾아가면서 읽으면 더 깊이 공부할 수 있어요.

꽃은 국화 국화는 구화 • 나리는 백합 백합은 통통통 • 개나리는 달라 가짜 나리꽃

🌸 이름이야기

배추꽃 장다리꽃 무꽃도 장다리꽃

는 복셩 복셩은 복숭아 • 진달래꽃 참꽃 참꽃은 참달래꽃

해 뜨면 해바라기 달 뜨면 달맞이꽃 • 물 위에 부레옥잠 잠자는 수련

과꽃

올해도 과꽃이 피었습니다
꽃밭 가득 예쁘게 피었습니다
누나는 과꽃을 좋아했지요
꽃이 피면 꽃밭에서 아주 살았죠

과꽃

　이 노랫말에 나오는 '과꽃'은 우리나라 토종의 '국화꽃'을 말해요. '국화'의 옛날 발음은 '구화'였는데, '구화'가 발음이 바뀌어 '과'가 되었다가 '꽃'이 덧붙어서 '과꽃'이 되었답니다. 원래 과꽃은 우리나라 북쪽에서 많이 자라던 토종 꽃인데, 어떻게 어떻게 해서 유럽에 소개되었다가 지금의 개량종으로 바뀌어 우리나라로 다시 돌아왔어요. 그래서 우리가 흔히 보는 과꽃은 대부분 유럽의 개량종이에요. 그만큼 지금은 토종 과꽃을 찾아보기 힘들어졌지요.

　백두산 근처의 산과 들에는 토종 과꽃이 많이 핀다고 하기는 하는데…… 직접 확인하기가 어렵답니다. 게다가 지금은 토종 과꽃도 과꽃대로 개량종이 들어와서 자리를 잡았고, 과꽃과 다른 크고 예쁜 서양 품종의 노란색 국화꽃이 들어와서 토종 과꽃이 자리 잡을 곳이 점점 더 없어지고 있답니다. 하지만 꿋꿋이 우리나라 어딘가에 살아 있을 과꽃이 언젠가는 우리나라 산과 들에 지천으로 피기를 기대합니다.

　'국화'의 옛날 발음이었던 '구화'는 지금도 한옥에 쓰이는 '구화반자, 구화장지'나 전통 도자기 무늬에 쓰이는 '구화무늬'와 같은 말에 남아 있어요. '구화반자'는 국화 무늬를 그려 넣은 천장 무늬, '구화장지'는 국화 문양을 그려 넣은 한옥의 문짝을 뜻해요. 물론 이 국화 무늬는 우리나라 토종의 국화꽃이었던 과꽃 무늬에 가깝답니다.

나리나리 개나리 입에 따다 물고요

'나리나리 개나리' 하니까 나리꽃과 개나리꽃이 비슷한 꽃일 것 같지만, 서로 이름만 비슷하지 전혀 다른 꽃이에요. 나리꽃은 우리나라 산과 들에 흔히 자라는 노란색의 키다리 꽃인데, **다른 이름은** '**백합**百合' 이에요. 집안에서 관상용으로 키우는 백합이 보통 흰색이기 때문에 흔히 '백' 이

나리

'하얗다'는 뜻의 '백白'이라고 생각하지만, 여러 갈래의 잎이 통꽃으로 붙어서 피기 때문에 백 개의 이파리가 합쳐진 통꽃이라는 뜻으로 '백합百合'이라고 하는 거예요.

 흰색 백합은 유럽에서 개량한 개량종이고 우리나라 토종 백합은 대부분 노란색 통꽃이 끝에서 여러 갈래로 갈라져 피어요. 그리고 이파리 가운데에 붉은색 반점이 있는 것이 특징이에요.

 개나리꽃은 나리꽃처럼 노란색의 통꽃이 끝에서 이파리

개나리

가 갈라지는 모양으로 생겼지만, 나리꽃에 비하면 아주 작은 '아기 나리꽃'처럼 생겼어요. 그래서 **가짜 나리꽃**이라는 뜻으로 '개나리'라고 하는 것이지요. 이렇게 우리말에서는 식물 이름을 지을 때 본래의 모양을 유지하거나 좋

미나리

은 품종일 때는 '참' 자를 붙이고 크기나 모양이 작거나 질이 나쁜 품종일 때는 '개' 자를 붙여서 구별하지요.

  나리꽃 중에서 산에서 주로 자라는 꽃을 '산나리'라고 해요. '갯나리, 바다나리'라는 것도 있는데, 나리꽃하고 비슷하게 생겨서 그런 이름이 붙기는 했지만 사실 꽃이 아니라 불가사리나 해삼 비슷한 바다 동물이에요. 그러고 보니 불가사리나 해삼도 모두 바다 동물이지만 이름 속에 있는

'가사리'나 '삼' 같은 말은 모두 식물 이름에서 온 거예요. '가사리'는 본래 바다 속 바위 위에 붙어 자라는 부챗살 모양의 바닷말인데, **붉은 가사리**라는 뜻의 '불가사리'는 식물이 아니라 동물이지요. 아빠가 좋아하는 '해삼'이라는 말 속에 있는 '삼'은 '인삼'의 '삼'이에요. '해삼'은 비록 동물이지만 생긴 모양이 인삼하고 비슷하게 생겨서 **바다에서 나는 인삼**이라는 뜻으로 붙여진 이름이에요.

나리꽃하고 이름이 관련된 식물 중에 '미나리'도 있어요. '미나리'의 '미'는 옛날 고구려에서 '물'이라는 뜻으로 쓰던 말이에요. 그러니까 '미나리'는 고구려 때부터 **'물에서 나는 나리'** 라는 뜻으로 쓰던 말인 것이지요. 미나리는 특히 '미나리깡'이라고 부르는 습지에서 주로 자라는데, 꽃 모양보다는 꽃대의 모양이 나리꽃하고 비슷해서 '미나리'라는 이름이 붙었어요.

1학년 1학기 2. 봄이 왔어요, 4학년 2학기 1. 식물의 세계, 6학년 1학기 5. 주변의 생물

메꽃

메꽃은 여름에 나팔 모양의 담홍색 꽃이 피는 여러해살이 덩굴풀이에요. 나팔꽃하고 비슷하게 생겼지만, 나팔꽃이 보라색에 가까운 파란색인데 비해 메꽃은 분홍색에 가까운 연보라색이어서 쉽게 구별할 수 있어요.

호미 들고 괭이 메고
뻗어가는 메를 캐어
엄마 아빠 모셔다가
맛있게도 냠냠

메꽃

메꽃은 해님을 좋아해서 낮에 활짝 피었다가 밤에 조용히 시드는 꽃이에요. 우리나라의 낮은 산이나 들판 여기저기에 저절로 나는데, 옛날에는 메꽃의 어린잎이나 뿌리줄기를 캐어서 간식으로 많이 먹었다고 해요.

'햇볕은 쨍쨍'이라는 동요에도 그런 얘기가 나와요. 노랫말 중에서 '뻗어가는 메'를 캔다는 것은 '메'의 어린잎이나 뿌리줄기를 캐어서 먹는다는 말이에요. 아빠가 어린 시절에는 이 메꽃의 어린 이파리와 뿌리줄기를 즐겨 먹었답니다.

그런데 엄마 아빠 모셔다가 맛있게 냠냠 먹는 풀이 왜 하필이면 메꽃일까요? 우리가 밥을 해먹는 쌀은 '찹쌀'에 대해서 '멥쌀'이라고 불러요. 찹쌀로 지은 찰지고 끈적끈적한 밥은 '찰밥', 보통 논에서 키우는 벼에서 나는 멥쌀로 지은 밥은 '메밥'이라고 해요. 그리고 옛날 우리나라 궁중에서는 '밥'을 '메'라고 했답니다. 지금도 설날이나 추석날 조상님께 제사를 올릴 때, 밥을 올려놓고는 '메를 올린다'고 하지요. '메꽃'의 '메'가 이렇게 **'쌀밥'을 말하는 '메밥'** 이나 궁중에서 **'밥'을 달리 이르던 '메'** 와 비슷한 발음을 가지고 있기 때문에 '메(꽃)'의 줄기를 캐어 엄마아빠 모셔다가 맛있게도 냠냠 먹겠다고 한 거예요.

4학년 2학기 1. 식물의 세계, 5학년 1학기 5. 꽃,
5학년 2학기 1. 환경과 생물, 6학년 1학기 5. 주변의 생물

장다리꽃

무와 배추에서 돋은 꽃줄기를 '장다리', '장다리' 위에 피는 무꽃이나 배추꽃을 '장다리꽃'이라고 해요. 배추와 무는 가을에 파종한 다음 새로 난 싹에 지푸라기 따위를 덮고 겨울을 나면 이듬해 봄에

장다리꽃

새순이 돋아요. 그 새순에서 꽃줄기인 장다리가 돋아나 자라나지요. 그런데 이 꽃은 볼품없고 키만 훌쩍 멀대처럼 큰 꽃이라는 뜻에서 '장다리꽃'이라고 한답니다.

  그렇다면 '장다리'는 어디에서 온 말일까요? 우리말에 '꺼꾸리'와 '장다리'라는 말이 있어요. '꺼꾸리'는 키가 거꾸로 자란 사람, 그러니까 키가 아주 작은 사람을 말해요. '장다리'는 키가 아주 큰 사람을 가리키지요. 우리말에는 이렇게 '사람'을 가리키는 말에 종종 '다리'라는 말을 써요. '키가 큰 사람'을 '키다리' 혹은 '꺽다리'라고 하고 '키가 작은 사람'은 '작다리'라고 해요. 나이가 많은 사람은 '늙다리'라고 하는데, 이때의 '다리'는 어떤 기준에 '다다른 사람'이라는 뜻이에요. 그러니까 '장다리'는 '길다'는 뜻의 한자말 '장(長)'에 '다리'가 붙어서 '키가 멀대처럼 기다랗게 큰 사람'을 가리켜요.

복사꽃

이른 봄, 4월의 우리나라 산에는 분홍빛 꽃나무들이 여기저기 자라 있어요. 바로 복사꽃 나무들이에요. '복사꽃'이란 다름 아닌 '복숭아꽃'을 말하는데요, 이 말은 본래 '복선화'라는 한자말에서 왔어요. '복'은 '복 받으세요' 할 때의 그 '복'이고, '선'은 '신선'을 가리키는 말이에요. 그러니까 이 말은 **복을 주는 신선의 꽃**이라는 뜻이지요.

복사꽃

옛날부터 복선화 나무의 열매는 신선들이 먹는 것으로 알려져 있는데, '복선화'가 발음이 변해서 한쪽에서는 '복숭화'를 거쳐 '복숭아'가 되고 다른 한쪽에서는 '복사화'를 거쳐 '복사꽃'이 되었어요. 이 한자말은 아주 오래 전

에 우리말에 들어왔는데 옛날에는 '복셩'이라고 했어요. 지금도 이런 발음이 남아 있어서 지방에 따라서는 '복상'이나 '복상시' 또는 '복숭'이라고 하는 곳도 있지요.

그런데 복숭아는 특이하게도 이른 봄에 꽃이 먼저 피고 꽃이 다 지고 난 다음에 잎이 나온답니다. 그리고 한여름이 되면 그때서야 맛있는 복숭아가 익는 거죠. 이른 봄에 피는 꽃들은 대개 복사꽃처럼 꽃이 먼저 피고 잎이 나중에 피어요. 대표적으로 개나리와 목련이 있어요. 개나리는 복사꽃이 피는 무렵에 산 주변을 뺑 둘러 온통 노란색으로 채웠다가는 꽃이 다 지고 나면 그제서야 마른 가지에서 푸른 새순이 나와요. 하얀 목련꽃도 비슷한 무렵에 하얀 꽃망울이 피었다가 지고 나면 그제서야 나무에서 파릇파릇한 새싹이 난답니다.

진달래꽃 달래꽃

진달래꽃

진달래는 봄철 우리나라를 대표하는 꽃이에요. 봄에 연분홍색 꽃이 잎보다 먼저 피는데, 꽃이 지고 나서 이파리가 나중에 나오는 점은 산수유나 개나리, 목련 등과 같지요. 진달래꽃은 지역에 따라서 '참꽃' 이라고도 하는데 이는 '달래꽃' 과의 관계에서 나온 말이에요. 참꽃은 달래꽃하고 꽃의 모양이나 색깔은 비슷하지만 꽃이 크고 전체적으로 크게 자라요. 우리말에서 식물 이름을 지을 때 질이 좋고 크기나 모양이 볼 만한 것에는 '참' 을 붙이는데, '진달래' 의 '진' 은 '참' 이라는 뜻의 한자예요. 그러니까 결국 '진달래꽃' 은 '참달래꽃' 을 가리키는 말이고, '참꽃' 은 '참달래꽃' 을 줄여서 이르는 셈이지요.

진달래꽃과 비슷하면서도 꽃 모양이나 색깔이 더 선명하고 화려한 철쭉이라는 꽃도 있어요. 그래서 진달래꽃과 비교하면 철쭉이 더 참꽃에 어울리겠지만, 우리말에서는 또 먹을 수 있는 꽃이나 풀에 '참'을 붙이고 먹을 수 없는 꽃이나 풀에 '개'나 '돌' 같은 말을 붙이는 전통이 있어요. 개복숭아는 복숭아처럼 생겼지만 먹을 수 없고, 돌배도 배처럼 생겼지만 먹을 수 없어요. 진달래와 철쭉도 마찬가지예요. 진달래는 꽃잎이나 이파리를 먹을 수 있지만 철쭉은 그렇지 못하기 때문에 진달래를 참꽃이라고 하고 철쭉을 개꽃이라고 하지요. 예전에는 봄철에 진달래꽃이 피면 여인네들이 들에 나와서 진달래꽃으로 화전을 부쳐 먹었어요. '화전'은 진달래꽃잎을 밀가루 반죽에 띄워서 부친 부침개를 말한답니다.

1학년 1학기 2. 봄이 왔어요

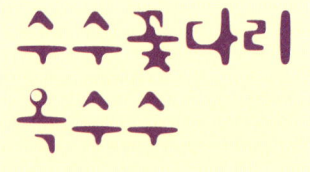
수수꽃다리 옥수수

라일락의 순우리말은 수수꽃다리예요. 우리가 흔히 보는 품종은 서양수수꽃다리라고 이름 붙여진 것이지만 토종 수수꽃다리도 있지요. 이 말은 그동안 어원이 정확히 알려져 있지 않았지만 꽃 모양을 잘 살펴보면 어렵지 않게 어원을 알 수 있어요. 수수꽃다리는 짙붉은 꽃이 촘촘하게 붙어 나는 수수처럼 여러 개의 꽃이 붙어서 나요. 다시 말해서 이 말은 '수수-꽃-달-이' 즉, **'수수처럼 꽃이 달려 있는 것'** 이라는 뜻에서 온 말이지요. 풍성하고 향기로운 꽃만큼

수수꽃다리

이나 어여쁜 우리 이름 '수수꽃다리'도 이렇게 하나하나 떼어놓고 보면 그 뜻이 그다지 어렵지 않아요.

수수 이야기가 나왔으니 이제 옥수수 이야기를 해볼까요? 옥수수는 중국에서 들어온 식물인데, '옥수수'의 '옥'은 중국에서 '알갱이가 옥구슬처럼 큰 식물'을 나타낼 때 쓰는 말이에요. 그러니까 옥수수는 **'알갱이가 옥구슬처럼 큰 수수'** 라는 뜻에서 온 말이지요. 옥수수의 모양을 수수와 비교해 보면 쉽게 그 말뜻을 알 수 있어요.

참고로 수수는 긴 대 위에 곡식의 알갱이가 뭉쳐서 나기 때문에 항상 꼿꼿한 자세로 서 있어요. 그러면서도 겸손하게 고개를 숙인 모양을 하고 있어요. 수수를 수확하고 난 수숫대는 옛날부터 흔히 아이들의 공작용 재료로 활용되었는데, 오늘날 우리가 수수깡이라고 하는 것은 바로 이 수숫대를 달리 이르는 말이었답니다.

1학년 1학기 **2. 봄이 왔어요**

해바라기 달맞이꽃

'해바라기'는 '해-바라-기' 즉, **'해를 바라보는 꽃'** 이라는 뜻에서 온 말이에요. 해바라기는 꽃이 피고 나면 해가 뜰 무렵부터 해가 질 무렵까지 해를 따라서 꽃이 움직이기 때문에 '해바라기'라고 부르지요. 이렇게 해를 따라서 꽃이 움직이는 꽃에는 해바라기 말고도 메꽃, 나팔꽃이 있어요.

해바라기

달이 뜨면 꽃이 피어서 **달빛을 따라서 움직이는 꽃**도 있어요. 달맞이꽃이 바로 그런 꽃이지요. 달맞이꽃은 해가 지고 나서 20분쯤 지나면 스스스슥 하는 소리를 내고 노란색 꽃이 피지요. 달빛을 받은 꽃이 피어나면서 꽃잎이 부딪치는 소리가 나는 거예요. 밝은 달밤에 언덕 위에 가득 피어난 달맞이꽃은 달빛만큼이나 아름다운 노란색을 띤답니다.

달맞이꽃

찔레꽃

찔레꽃은 덩굴줄기에 날카로운 가시가 있어서 **예쁜 꽃을 따다가 잘 찔리기 때문에 찔레꽃이라고 해요.** 어른들이 좋아하는 노래 중에 '찔레꽃 붉게 피는 남쪽나라 내 고향, 언덕 위에 초가삼간 그립습니다' 하는 노래가 있어요. 이 노랫말처럼 찔레는 덩굴장미처럼 빨간색 꽃이 피는 경우도 있지만, 보통은 5월쯤에 하얀 꽃이 피고 10월

> 엄마 일 가는 길에 하얀 찔레꽃
> 찔레꽃 하얀 잎은 맛도 좋지
> 배고픈 날 가만히 따 먹었다오
> 엄마 엄마 부르며 따 먹었다오

찔레꽃

에 가서 빨간색 열매가 익지요.

하얀 찔레꽃은 울타리나 담벽을 따라 덩굴손을 감아 올라가면서 피기 때문에 흔히 집 울타리에 심지만, 산기슭의 양지와 개울가에서도 잘 자라기 때문에 들장미라는 이름도 가지고 있지요. 하지만 장미하고는 다른 꽃이에요. 특히 담벼락이나 울타리에 둘러치는 넝쿨장미하고는 그 모양도 비슷하고 감아 올라가는 모양도 비슷해서 찔레꽃과 혼동하곤 하지만 엄연히 다른 종류의 꽃이랍니다.

찔레꽃과 관련해서는 70년대에 이연실이라는 가수가 부른 '찔레꽃' 이라는 제목의 노래도 있어요. 찔레꽃 하얀 꽃잎이 맛이 좋아서 일 나간 엄마가 돌아오지 않을 때 고픈 배를 채우려 따 먹는 꽃이라는 생각을 심어준 노래이지요. 실제로 어린 찔레꽃 새순은 오물오물 씹는 맛이 있답니다. 꼭 새순이 아니라도 가시가 있는 껍질을 벗기고 남긴 찔레의 순은 그럭저럭 먹을 만한 것이었죠. 그런데 잘 모르는 사람들은 찔레꽃을 먹는다니까 꽃을 먹는 것인지 알고 꽃잎을 먹기도 했던 모양이에요. 꽃잎이 살짝 달콤한 꽃향기가 나기는 하지만 떫은맛이 날 뿐 그다지 맛있지는 않답니다. 물론 이걸로 배가 부를 수도 없지요.

5학년 1학기 5. 꽃

부레옥잠 수련

부레옥잠은 옥잠화랑 비슷하게 생겼지만 물 위에 떠서 피기 때문에 '부레옥잠'이라고 한답니다. 옥잠화는 꼭 옛날 어머님들이 머리에 쪽을 지을 때 꽂는 비녀처럼 생긴 꽃이에요. 하얀색 꽃이 마치 옥비녀 같다는 데서 옥비녀를 한자로 쓴 '옥잠玉簪'이라고 하는 거지요. 부레옥잠은 줄기 중의 일부가 물고기의 부레처럼 부풀어서 이 속에 있는 공기로 물 위에 떠서 피는 물풀인데요, 보통 연꽃처럼 연못물 위에 떠서 자라고 8~9월에 연한 자주색 꽃이 떨기 모양으로 핀답니다.

부레옥잠

부레옥잠처럼 물 위에 떠서 피는 꽃 중에서 가장 대표적인 건 연꽃인데요, 연꽃 종류 중에 수련은 아주 재미있는 꽃이에요. 이 꽃은 연꽃처럼 생겼지만 한낮에 피었다가 저녁이 되면 오므라들기를 3~4일간 되풀이하는 특징을 지니고 있어요. 이렇게 저녁이 되면 꽃잎을 오므리는 게 꼭 잠자러 들어가는 것처럼 보인답니다. 그래서 '수련'은 한자로 **'잠자는 연꽃'**이라는 뜻으로 쓰는 말이에요. 한낮에 아름다움을 한껏 뽐냈다가 저녁이 되면 잠자리에 들어가는 이 꽃은 정말 '미인은 잠꾸러기'라는 말이 딱 어울리는 꽃이랍니다.

수련

1학년 1학기 5. 자연과 함께해요, 4학년 2학기 1. 식물의 세계, 5학년 2학기 1. 환경과 생물

🔍 **이런 속담 들어봤나요?**

과꽃

· 거적문에 국화 돌쩌귀
제격에 맞지 않게 지나친 치장을 함.

· 국화는 서리를 맞아도 꺾이지 않는다
절개나 의지가 강한 사람은 어떤 시련에도 굴하지 않고 꿋꿋이 이겨 낸다는 뜻.

· 매화도 한철 국화도 한철
한창 좋은 시절도 그때가 지나고 나면 그뿐이라는 말.

· 짚신에 국화 그리기
밑바탕이 이미 천한데 화려하게 꾸밈은 당치 않다는 말.

미나리

· 미나리 도리듯 하다
수확이 넉넉함.

복사꽃

· 귀신에 복숭아나무 방망이
귀신이 복숭아나무 방망이를 무서워한다는 데서, 무엇이든 그것만 보면 꼼짝 못하게 되는 경우를 이르는 말.

· 닫우고 뛰어야 복사뼈라
아무리 도망쳐 보아야 별수 없다는 말.

진달래꽃, 달래꽃

· 미친년 달래 캐듯

미친 사람이 널려 있는 풋나물을 닥치는 대로 쥐어뜯거나 여기저기 마구 쑤시며 돌아다닌다는 뜻으로, 일하는 솜씨가 매우 거칠고 어지러움을 이르는 말.

수수꽃다리

· 꼬기는 칠팔월 수수 잎 꼬이듯

심술이 사납고 마음이 토라진 사람을 이르는 말.

· 떡도 떡 같지 않은 옥수수떡이 배 속을 괴롭힌다

하찮은 것이 말썽을 부린다는 말.

· 수수깡도 아래위 마디가 있다

아래위 분간이 어려운 수수깡조차도 아랫마디와 윗마디가 나뉘어 있다는 뜻으로, 어떤 일에나 위아래가 있고 질서가 있음을 이르는 말.

찔레꽃

· 찔레꽃 이리에 비가 오면 개 턱에도 밥알이 붙게 된다

가뭄을 많이 타는 늦봄에 알맞게 비가 자주 오면 농사가 잘되어 풍년이 든다는 말.

· 오이 덩굴에서 가지 열리는 법은 없다

그 아버지에 그 아들밖에 날 수 없음을 이르는 말.

· 한 놈의 계집은 한 덩굴에 열린다
한 남자의 처첩이 여럿이라도 집안의 규율과 남편의 성질에 따라 모두 비슷해진다는 말.

· 항우도 댕댕이덩굴에 넘어진다
힘이 세더라도 방심하여 조심하지 않으면 실수할 수 있으므로 작고 보잘것없다 하여 깔보아서는 안 된다는 말.

· 호박 덩굴이 뻗을 적 같아서야
한창 기세가 오를 때는 무엇이나 다 될 것 같지만 결과는 두고 보아야 안다는 말.

부레옥잠, 수련

· 미꾸라지 속에도 부레풀은 있다
미꾸라지라도 다른 물고기와 마찬가지로 배 속에 공기주머니인 부레풀이 있다는 뜻으로, 아무리 보잘것없고 가난한 사람이라도 남이 가지고 있는 속도 있고 오기도 있음을 이르는 말.

· 부레풀로 일월을 붙인다
부레풀을 가지고 해와 달을 붙인다는 뜻으로, 못난 소리를 하는 사람을 놀림조로 이르는 말.

나무 이름 이야기

떡갈은 덥갈
덥갈은 두터워

참참 참나무
열매는 상수리

푸른 물푸레
검은 옻나무
노란 치자나무

ㅗ 없는 무궁화
궁화는 목근화

이팝은 이밥
이밥은 쌀밥

5리마다 오리나무
오리나무 물감나무

단단한 박달
박달은 밝은 산

중국에서 온 단풍
바람에 실려 단풍

미루나무 핫도그
미국에서 온 미루

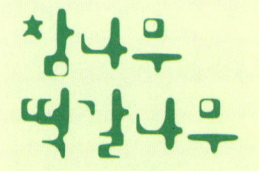

우리말 식물 이름에서는 본래의 모양을 유지하거나 좋은 품종일 때는 '참' 자를, 크기나 모양이 작거나 질이 나쁜 품종일 때는 '개' 자를 붙여서 구별해요. 그러니까 참나무는 우리나라 나무 중에서도 **가장 실속 있고 단단한 나무**를 말하지요. 실제로 참나무는

참나무

불에 태우면 다른 나무보다 오래 타기 때문에 옛날부터 땔감으로 주로 썼어요. 숯을 만들어도 그 모양이 없어지지 않고 오래 남기 때문에 참숯을 만들어 쓰던 나무였고요.

참나무를 한자로 '상橡'이라고 하는데, 참나무의 기둥이

마치 코끼리 다리처럼 튼튼하기 때문에 '상橡'이라고 하는 거예요. 참나무의 열매는 한자말로 '상실橡實'이라고 해요. 이 '상실'이라는 말이 변해서 '상수리'가 되었지요. 그래서 어린 참나무를 '상수리 나무'라고도 해요.

 상수리보다 열매의 크기가 작고 굵기가 가는 것을 도토리라고 해요. '도토리'는 생기기는 밤처럼 생겼지만, 사람

떡갈나무

이 먹기는 어렵고 멧돼지 같은 산짐승이 좋아한다 하여 돼지의 옛말인 '돝'을 붙여 '돝의밤'이라고 부르던 말이에요. 나중에 '도틔밤'에서 '도톨밤'으로 바뀌었다가 '도톨-이'가 되어서 지금의 '도토리'로 굳어졌지요. 이 도토

리가 열리는 나무에는 떡갈나무와 갈참나무가 있어요.

　일반적으로 참나무는 이파리가 가지런한 통 모양으로 되어 있지만 갈참나무는 이파리 끝이 그물맥으로 갈라져 있어요. 그러니까 '갈참나무'는 이파리가 갈라진 참나무 라는 뜻이지요.

　떡갈나무는 갈참나무의 일종이에요. 갈참나무처럼 이파리가 그물맥으로 갈라져 있지요. 이 나무의 옛말은 **'덥갈나모'** 였는데, '덥-갈-나무'는 이파리가 두터운 나무라는 뜻이에요. '덥-'은 '두텁다'는 뜻을 가진 말이에요. 떡갈나무와 갈참나무의 열매를 도토리라고 하기 때문에 떡갈나무나 갈참나무의 어린 나무를 따로 도토리나무라고 부르기도 하지요.

🔍 이런 속담 들어봤나요?

참나무, 떡갈나무

· 참나무에 곁낫걸이
단단한 참나무에 대고 곁낫질을 한다는 뜻으로, 도저히 당해낼 수 없는 상대한테 멋도 모르고 주제넘게 덤벼듦을 이르는 말.

· 참나무에서 떨어지는 도토리 메돼지가 먹으면 메돼지 것이고 다람쥐가 먹으면 다람쥐 것이다
임자 없는 물건은 먼저 차지하는 사람이 임자가 됨을 이르는 말.

· 떡갈나무에 회초리 나고, 바늘 간 데 실이 따라간다
두 가지 사물의 관련성이 매우 긴밀함을 이르는 말.

· 개밥에 도토리
개는 도토리를 먹지 않기 때문에 밥 속에 있어도 먹지 않고 남긴다는 뜻에서, 따돌림을 받아서 여럿의 축에 끼지 못하는 사람을 이르는 말.

· 도토리 키 재기
정도가 고만고만한 사람끼리 서로 다툼을 이르는 말.

· 딸자식 두면 경상도 도토리도 굴러 온다
딸의 중매를 서려고 별의별 사람이 다 찾아든다는 말.

· 의가 좋으면 세 어이딸이 도토리 한 알을 먹어도 시장 멈춤은 한다
사이 좋은 어머니와 두 딸처럼 서로 사이가 좋고 마음이 맞는 사람끼리는 어떤 힘든 상황 가운데서도 별 불평 없이 서로가 도우며 잘 지낸다는 말.

미루나무 포플러

길거리 여기저기에 가로수로 심어진 미루나무는 멀리서 보면 꼭 핫도그처럼 생겼어요. 이 나무는 본래 미국에서 일본을 거쳐 우리나라에 들어왔는데, 그래서 미국에서 들어온 버드나무라는 뜻에서 '미류美柳나무'라고 불렀어요. '미루나무'는 '**미국 버드나무**'라는 뜻의 '미류나무'가 변한 말이지요.

미루나무

보통 나무들은 나무 기둥에서 큰 나뭇가지가 갈라져 나온 뒤 거기에서 다시 잔 나뭇가지가 갈라지면서 넓게 자라지만, '버드나무'는 나뭇가지가 더 갈라지지 않고 나무 기둥으로부터 죽죽 뻗어 있는 나무를 말해요. 이렇게 갈라지지 않고 그냥 뻗어나가서 자란다는 데에서 '버드나무'라는 이름이 붙었어요. 미루나무 말고도 물가에서 자라는 갯

버들이나 마을 입구에 서 있는 수양버들도 버드나무에 속해요. 다만 다른 버드나무들이 나뭇가지가 길어 아래쪽으로 기울어져 있는데 비해서 미루나무는 나무 기둥에서 나온 가지가 위쪽으로 힘차게 죽죽 뻗어 있어요.

미루나무의 미국식 이름은 포플러예요. 포플러는 하늘을 향해 죽죽 뻗어 올라간 가지에 초록색 이파리가 매달려 있는데, 바깥쪽은 아주 매끄러운 코팅이 되어 있고 안쪽 면은 얇고 거칠거칠해서 햇빛을 받으면 바깥쪽 면이 반짝반짝 빛나지요. 언덕 위에 곧게 자란 포플러들은 바람이 불면 작은 손바닥 같은 수많은 이파리들을 흔들며 서로 인사를 하는 것처럼 자라락자라락 소리를 내요. 그래서 '나뭇잎'이라는 동요에서 '포플러 이파리는 작은 손바닥/잘랑잘랑 소리난다 나뭇가지에/언덕 위에 가득, 아 저 손들'이라고 노래한 것이지요.

미루나무는 늦은 봄이면 이파리에서 하얀 솜털 같은 실을 만들어 여기에 홀씨를 담아 날려 보낸답니다. 이 홀씨들이 가벼운 솜털실들에 싸여 이리저리 날아다니다가 다른 나무로 날아가 수정을 하지요. 늦은 봄 뿌연 하늘에 여기저기 날아다니는 하얀 솜들은 바로 이 미루나무의 홀씨를 싣고 다니는 거랍니다.

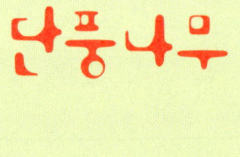

'단풍丹楓나무'라는 이름 속에는 또 다른 나무가 들어 있어요. 바로 풍楓이라는 나무예요. '풍'의 우리말 이름은 '신나무'인데, 이 말의 옛말은 '싣나무'였어요. 무슨 뜻일까요? 그건 이 나무의 행태를 잘 살펴보면 알 수 있어요. 신나무의 열매를 싸고 있는 씨방은 바람개비처럼 생겼어요. 가을철 열매가 익으면 바

단풍나무

람개비처럼 생긴 씨방이 바람에 날려 멀리까지 날아가서 번식을 하게 되지요. 따라서 '신나무'의 옛 이름 **'싣나무'** 는 '씨를 바람에 싣고 날아가는 모양'에서 온 말이에요.

그런데 중국에서도 이 나무의 이름이 비슷한 의미로 붙여진 듯해요. '풍楓'이라는 한자 속에 들어 있는 '풍風'은 이 나무가 씨를 바람에 실려 보내는 속성을 나타내기 때문에 붙여진 이름이에요. 신나무의 잎은 단풍나무처럼 아기 손바닥 모양으로 생겼지만, 늘 붉은색을 띠는 단풍나무와 다르게 봄, 여름에는 푸른색을 띠다가 가을이 되어서야 붉은색으로 물이 들어요.

정리하자면, '단풍나무'의 '단풍'은 '풍'에 붉다는 뜻의 '단'을 덧붙인 말이에요. 참고로 신나무가 우리 토종의 나무인 데 비해서 단풍나무는 훨씬 나중에 중국을 통해서 들어온 나무랍니다.

1학년 2학기 4. 가을의 산과 들, 6. 우리의 겨울맞이, 4학년 1학기 3. 식물의 한살이, 4학년 2학기 1. 식물의 세계, 5학년 2학기 3. 열매

버들개지 버들강아지

여름철 물가에 가면 버들개지라는 나무를 쉽게 만날 수 있어요. '버들개지'는 '버들강아지'가 줄어든 말인데, '버들강아지'는 물가에 흐드러지게 피어 있는 버드나무의 꽃을 말해요. 버드나무는 봄에 가지 끝에 강아지처럼 보들보들한 털을 가진 연보라색의 꽃을 피워요. 이 버들개지를 흔히

버들개지

'버들가지'라고 말하는 경우가 많은데 표준어는 '버들개지'가 맞답니다.

  특히 산골짜기나 물가에 있는 작은 버드나무를 '갯버들'이라고 하는데 그냥 '버들강아지' 혹은 '버들개지'라고 부르기도 해요. 그러니까 '버들개지' 혹은 '버들강아지'라고 하면 표준어로는 버드나무의 꽃을 가리키는 말이지만, 일상에서는 그냥 '갯버들'을 달리 이르는 말인 것이지요.

나무 이름 이야기

오리나무

산기슭이나 길가에 흔히 자라는 나무 중에 오리나무가 있어요. 작은 솔방울처럼 생긴 열매가 가지 끝에 서너 개씩 매달려서 나는데, 이파리가 넓어서 소나무와는 쉽게 구별되지요. 다 자라면 20미터까지 크는 제법 키 큰 나무이지만, 나무 기둥이 가늘어서 비쩍 마른 키다리 아저씨 같은 모습이랍니다. 이렇게 뻘줌하게 키 큰 나무의 특징 때문에 옛날부터 길을 갈 때 거리를 쉽게 알아볼 수 있도록 5리마다 표시를 해 놓는 이

오리나무

정표 역할을 했어요. '오리나무'라는 이름이 '**5리마다 심어 놓은 나무**'라는 뜻에서 왔다는 건 널리 알려진 이야기이지요.

　오리나무를 일정한 크기로 베어서 삶으면 붉은색 물감이, 나무껍질을 물에 우려내면 다갈색 물감이 나와요. 그리고 아직 여물지 않은 오리나무 열매를 개흙에 섞으면 검은색 물감이 되지요. 이렇게 오리나무에서는 여러 가지 색깔의 물감을 뽑을 수 있어서 '물감나무'라고도 하고요, 특히 붉은색 물감을 만드는 데 주로 쓰기 때문에 '붉은 버드나무'라는 뜻으로 '적양목赤楊木'이라고도 한답니다.

십리 절반 오리나무
열의 갑절 스무나무
대낮에도 밤나무
방귀 뀌어 뽕나무
오자마자 가래나무
깔고 앉아 구기자나무

거짓 없어 참나무
그렇다고 치자나무
칼로 베어 피나무
네편 내편 양편나무
입맞추어 쪽나무

물푸레나무
옻나무
치자나무

오리나무가 붉은색 물감을 내는 데 주로 쓰는 나무라면 푸른색 물감을 내는 데 주로 쓰는 나무도 있어요. 바로 물푸레나무이지요. 나뭇가지를 물에 담그면 물이 푸른색을 띠기 때문에 '물-푸르-에' 즉, '물푸레'가 된 것이지요. 물푸레나무는 옛날부터 옷감의 물을 들이는 데 사용했는데, 주로 스님들 옷에

물푸레나무

물을 들이는 데 활용되었어요. 이 나무가 담긴 물에 흰 옷감을 넣으면 흐린 하늘색 같다고 할까요, 푸르스름한 회색의 물이 든답니다.

오리나무나 물푸레나무처럼 천연의 물감을 내는 나무

중에서 가장 대표적인 것은 옻나무하고 치자나무예요. 옻나무는 전통적으로 검은색 물감을 내는 데 주로 쓰던 나무예요. 이 나무의 껍질에 상처를 내면 무색의 진이 흘러나오고, 이 진액을 공기 속에 두면 검은색으로 변해요.

옻나무

 옻나무는 한자로 '칠漆'이라고 하는데, 칠흑같이 어두운 밤이라고 할 때 '칠흑'은 하늘에 별 하나 없이 어두워서 옻나무처럼 새까만 밤을 가리키는 말이에요. '칠한다' 할 때의 '칠漆'도 바로 옻나무를 가리키던 말에서 온 거랍니다. 뽕나무의 열매인 검은색의 오디도 '옫'에서 온 말이고요, 어두운 밤중에만 활동하는 올빼미의 옛날 이름 '옫밤이'도 '옻'에서 온 말이랍니다.

 치자나무 열매는 전통적으로 노란색 물감을 내는 데 썼어요. 짙은 주황색의 열매를 잘 말려 두었다가 반을 갈라서 물에 담그면 붉은색을 띤 노란색 물감이 누에의 실처럼 가느다랗게 풀려 나오지요. 이것을 가지고 하얀 모시에 물들여서 흐르는 물에 잘 씻어서 말리면 예쁘고 반짝이는 노란색 천이 만들어진답니다.

치자나무

5학년 1학기 7. 식물의 잎이 하는 일

비자나무 가문비나무

제주도나 영남, 호남 지역 같은 남쪽 지방을 여행하다 보면 비자나무라는 키 큰 나무가 숲을 이루고 있는 모습을 자주 볼 수 있어요. 한자로는 '榧子'라고 쓰는데, 이파리가 마치 '비榧' 자의 '나무 목木' 옆에 있는 글자 '비匪'처럼 생겼기 때문에 붙여진 이름이에요. 그런데 이 나무의 이파리가 꼭 옛날 참빗처럼 생긴 것을 보면 '비자'는 우리말 '빗'에서

비자나무

온 말인지도 모르겠어요.

어쨌든 비자나무는 전나무나 주목하고 이파리가 비슷해서 혼동되는데 이파리가 참빗처럼 양쪽으로 가지런히 나는 것이 비자나무, 잎줄기 아래위쪽으로 들쭉날쭉 나는 것이 전나무라고 생각하면 구별하기 쉬워요. 비자나무나 전나무가 하늘을 찌를 듯 쭉 뻗어서 자라는 데 비해 주목은 그다지 크지 않은 키와 유난히 붉은 나무껍질, 붉은색의 동그란 열매 등으로 구별할 수 있답니다. 참고로 '주목朱木'은 붉은 나무라는 뜻이에요.

가문비나무

비자나무하고 비슷한 나무로 가문비나무가 있어요. 다 자란 나무의 높이가 30미터 이상으로, 비자나무처럼 잎줄기 양쪽으로 바늘 모양의 잎이 나고 검은 갈색의 비늘 모양 나무껍질이 나무 전체를 뒤덮고 있지요. 이 나무는 기본적으로 비자나무하고 비슷하지만 나무껍질이 검다는 데 구별의 특징이 있어요. 따라서 '가문비'의 '가문'은 '검 黑-'의 작은 말인 '감-'에서 온 말이고, '비'는 '비자나무'의 '비'라는 것을 알 수 있지요. 즉 '가문비'나무는 '검은 비자나무' 정도의 의미를 갖는 말로 볼 수 있어요.

🔍 이런 속담 들어봤나요?

물푸레나무, 옻나무, 치자나무

· 뒷간에 옻칠하고 사나 보자
재물을 인색하게 모으는 사람에게 뒷간까지 옻칠을 해 가며 살겠느냐는 뜻으로, 얼마나 잘사는지 두고 보겠다는 말.

· 부러진 칼자루에 옻칠하기
부러져서 쓸모없이 된 칼자루에 옻칠을 한다는 뜻으로, 쓸데없는 일에 노력을 하는 경우를 이르는 말.

· 조리에 옻칠한다
소용없는 일에 괜히 마음을 쓰고 수고하는 경우를 비꼬는 말.

· 까마귀가 오디를 마다할까
본디 좋아하는 것을 짐짓 싫다고 거절할 때 이를 비꼬는 말.

단풍나무

· 구시월의 고운 단풍
구시월의 곱디고운 단풍을 이르는 말. 당장 보기에는 좋아도 얼마 가지 않아 흉하게 될 것을 이르는 말.

· 단풍도 떨어질 때에 떨어진다
무엇이나 제 때가 있다는 말.

이팝나무 조팝나무

재미있는 나무 이름 중에 '이팝나무'가 있어요. 이 이름을 처음 듣는 어린이도 있겠지만 옛날부터 시골 마을 여기저기에서 흔히 심어 두던 나무랍니다. '이팝나무'는 **'이밥'**에서 온 말이에요. '이밥'이 뭐냐고요? 우리가 흔히 먹는 흰쌀밥이 바로 '이밥'이랍니다.

이팝나무

어른들 하시는 말씀에, '그저 우리 조선 사람들은 이밥에 고깃국이지'라는 말이 있어요. 한국 사람들은 예부터 흰쌀밥에 고깃국을 먹는 것을 가장 좋아한다는 뜻으로 하던 말이지요. 이렇게 흰쌀을 나타내는 '이'는 우리말을 잘 찾아보면 여기저기서 흔히 만날 수 있어요. 우리가 흔히 먹는 흰쌀은 '멥쌀'이라고도 하고 '입쌀'이라고도 하는데, '입쌀'은 '이밥'을 만드는 쌀이라는 뜻이지요. 마을 잔치에 쌀밥을 해다 바치는 일을 '이바지'한다고 하는데, '이-받-이' 즉, '이밥(쌀밥)을 받드는 일'을 말하던 거예요. 그밖에도 탈곡한 볏짚으로 만든 빗자루를 '잇비'라고 하는데 이것도 쌀을 나타내던 '이'에서 온 말이지요.

봄이 되면 이팝나무에는 밥알처럼 생긴 하얀색 꽃이 무리로 피어서 꼭 밥그릇에 하얀 쌀밥이 가득 피어난 것처럼 생겼지요. 옛날에는 초봄이면 먹을 것이 없어서 나무뿌리나 풀잎을 뜯어먹으면서 간신히 지냈는데, 이렇게 하얀 쌀밥처럼 생긴 꽃을 피우는 나무가 사람들에게 얼마나 힘이 되었을지 생각해 보세요

이팝나무하고 비슷한 이름을 가진 나무로 조팝나무가 있어요. '이팝나무'가 '이밥'에서 온 말인 것처럼 '조팝나무'는 '**조밥**'에서 온 말이에요. 실제로 조팝나무는 봄에 이팝나무처럼 하얀색 꽃이 무리로 피는데, 하얀 꽃 속에 노란색 심이 있어서 마치 쌀밥에 조를 섞어서 만든 조밥처럼 생겼답니다.

'피죽새'라는 새가 있어요. 울음소리가 피죽도 못 먹은 것처럼 힘없이 난다고 해서 붙여진 이름이에요. 피는 별로 영양가도 없고 해서 먹을 것이 정 없을 때 죽이나 끓여 먹

조팝나무

던 조 비슷한 곡식인데, 피죽은 이 '피'로 만든 죽을 말해요. 피죽새하고 조팝나무의 꽃은 둘 다 먹을 것이 없는 춘궁기에 나오기 때문에 옛날부터 배고프고 굶주린 상황을 나타낼 때는 '조팝나무에 피죽새 울고 어쩌구' 하는 노래를 불렀답니다.

🔍 이런 속담 들어봤나요?

이팝나무, 조팝나무

· 낡은 터에서 이밥 먹던 소리 한다
때와 환경을 고려하지 않고 엉뚱한 말을 함을 이르는 말.

· 달아나면 이밥 준다
위험이 닥쳐 몸을 피해야 할 때는 싸우거나 다른 계책을 세우기보다 우선 피하는 것이 상책이라는 말.

· 빌어먹는 놈이 이밥 조밥 가리랴
한창 궁하여 빌어먹는 판에 콩밥이라고 마다할 수 없다는 뜻으로, 자기가 아쉽거나 급히 필요한 일에는 좋고 나쁨을 가릴 겨를이 없음을 이르는 말.

· 조밥도 많이 먹으면 배부르다
보잘것없는 것이라도 수량이 많으면 한몫 본다는 말.

· 조밥에도 큰 덩이 작은 덩이가 있다
어디에나 크고 작은 것의 구별이 있다는 말.

박달나무 무궁화나무

박달나무는 단단하기로 유명한 나무이지요. 옛날에는 포졸들이 박달나무를 깎아서 여섯 모를 낸 육모방망이로 도둑을 잡았답니다. 그런데 박달나무는 단단한 것 말고도 본래 우리 민족과 깊은 관련이 있는 나무예요. '박달'은 사실 우리 옛말인 '밝다'와 관련이 있어요.

박달나무

고구려 때는 높은 산을 '달'이라고 했는데 산의 해가 드는 쪽을 '양달', 산의 그림자 지는 쪽을 '응달'이라고 한다든지 산의 비스듬한 부분을 '비탈'이라고 할 때의 '달'은 모두 고구려 때부터 쓰던 '달'과 상관이 있어요. 그러니까

'박달'은 본래 '밝은 산'이라는 뜻의 우리 옛말 '밝달'에서 온 말이에요. 그리고 이 말이 변해서 지금에 이르고 있는 말이 바로 '배달'이지요. 우리 민족을 배달민족이라고 한다는 건 잘 알죠? '박달나무'는 결국 배달민족의 나무라는 뜻인 거죠. 우리 민족의 시조로 알려진 '단군檀君'의 '단'이 '박달나무 단檀'이라는 데에서도 이러한 사실을 확인할 수 있답니다.

무궁화나무

박달나무와 함께 우리 민족의 상징처럼 생각되는 나무는 무궁화예요. 무궁화는 아침에 해가 뜰 무렵에 꽃이 피었다가 저녁에 해가 지고 나면 꽃도 함께 지는 특징이 있는데, 다음 날 아침이 되면 같은 자리에서 또 새로운 꽃이 피기 때문에 끈질긴 생명력을 가진 우리 민족을 상징하기에 딱 알맞은 꽃이지요.

그런데 '무궁화'는 사실 순우리말이 아니에요. 한자로 '무궁無窮'이라고 쓰는데 '끝도 없는'이라는 뜻이에요. 그러니까 무궁화의 특징은 '끝이 없이 피는 꽃'이라고 할 수 있지요. 사실 이 꽃은 '근槿'이라고 부르던 나무에서 피던 꽃이에요. 이 말을 중국에서는 이 꽃이 나무에서 난다는 데 초점을 두고 '목근木槿'이라고 불렀지요. '목근'의 중국식 발음이 '무낀'이기 때문에 목근의 꽃, 즉 목근화는 중국말로 '무낀화'로 우리말에 들어왔어요. 이 무낀화가 우리나라에서 다시 한자로 만들어진 말이 무궁화랍니다. 그러니까 '목근화'도 그렇고 '무궁화'도 그렇고 본래 우리나라에서 쓰던 말은 아닌 것이지요.

그럼 '무궁화'의 우리 옛말은 무엇일까요? 불행히도 우리나라에 너무 일찍부터 한자어 '목근木槿'이 들어와서 사용되는 바람에 무궁화의 고유어는 일찍부터 사라졌어요. 하지만 고대 중국 사람들이 남겨놓은 『산해경』이라는 책에는 동방에 아침에 꽃이 피었다가 저녁에 지는 '훈화薰華'라는 이름의 식물이 있다는 기록을 남기고 있어요. 아마도 여기에 나오는 '훈화'라는 말이 무궁화를 나타내던 우리 옛말일 가능성이 가장 높답니다.

1학년 1학기 5. 자연과 함께해요, 4학년 2학기 1. 식물의 세계, 6학년 1학기 5. 주변의 생물

풀 이름이야기

강아지풀 가랒조
강아지풀 가라지

닭장 옆에 달개비
그래서 닭의장풀

생강 먹다 새앙
그래서 생쥐

말은 물풀
물에서 나는 말밤
말밤은 마름

강아지풀

벼과에 속한 한해살이풀인 강아지풀은 다 자라면 줄기가 높이 20~70센티미터 정도로 뭉쳐나고, 가는 대에서 가늘고 기다란 잎이 나지요. 길가나 들에서 흔히 자라는데, 여름이면 강아지 꼬리 모양의 연두색 또는 자주색 꽃이 피기 때문에 '강아지풀'이라는 이름이 붙었어요. 강아지풀의 열매를 **'가랏조'**라 해서 옛

강아지풀

날에는 먹을 게 없을 때 밥 대신 먹기도 했답니다. 물론 영양가가 별로 없기 때문에 밥을 대신했다고 하기는 어렵겠군요. 어쨌든 열매의 이름에서 알 수 있듯이 이 풀의 이름은 본래 '가랏조'였답니다. 생긴 것이 '조'와 비슷하기 때문에 붙여진 이름이지요.

강아지풀의 옛 이름에는 '가랏조' 말고도 **'가라지'**가 있어요. 최근에 와서는 '가라지'라는 말이 점차 잊혀지면서 이 풀을 '강아지풀'이라고 부르게 되었답니다. 이 풀이 어떤 이유에서 '강아지'라는 이름을 얻게 되었는지는 분명하지 않아요. 어쩌면 이 말과 비슷한 말로 '개꼬리풀'이라는 뜻의 **'구미초'**, '이리꼬리풀'이라는 뜻의 **'낭미초'**가 오래 전부터 있었던 것을 보면 '강아지풀'은 단순히 한자말을 우리말로 옮기면서 나온 말인지도 모르겠어요. 하지만 이 풀의 이름을 '개꼬리풀'이나 '이리꼬리풀'처럼 부르지 않고 실제 모양에 가까운 '꼬리'라는 말을 뺀 채 '강아지풀'이라고 부른 것을 보면, 확실히 이 말의 원래 이름인 '가라지'가 '강아지풀'이라는 말을 만들어낸 듯해요.

1학년 1학기 5. 자연과 함께해요, 4학년 2학기 1. 식물의 세계

고수풀

고수풀은 미나리과에 속한 한해살이 풀로, 여름부터 가을에 걸쳐 가지 끝에 잘고 흰 꽃이 피고 둥근 열매가 열려요. 잎과 줄기는 식용하며, 열매는 향료와 약재로 이용하는데 특이한 냄새와 맛이 나서 좋아하는 사람과 싫어하는 사람이 분명하답니다. 이 풀은 한자로는 원채라고도 하고 향채라고도 하는데 중국 음식에 흔히 들어가는 '샹차이'를 말해요. '샹차이'는 '향채'를 중국식으로 발음한 것인데, 중국 사람들은 음식마다 꼭 '샹차이'를 넣

고수풀

어서 먹어요. 지금은 우리나라 사람들이 이 풀을 별로 안 좋아해요. 이 풀에서 나는 향기가 한국 사람들한테는 꼭 '빈대' 냄새처럼 느껴졌기 때문이랍니다. 그래서 아직도 지방에 따라서는 이 풀을 '빈대풀'이라고 부르는 곳도 있어요.

하지만 우리나라 사람들도 옛날에는 이 풀을 무척 좋아했어요. '고수풀'의 '고수'는 사실 **'고소하다'**나 **'구수하다'**의 어원이 되는 말로, 지금도 방언에 '고습다, 꼬시다' 등으로 남아 있답니다. 그리고 젊은 여성의 아름다운 모습을 나타낼 때 쓰는 '꽃답다'도 옛날에는 '곳답다'로 썼는데, 이 말은 본래 '향기롭다'는 뜻이었어요. '방년 18세'라고 하면 '꽃다운 나이 18세'라는 뜻으로 쓰는 말인데, 이때의 '방'은 향기롭다는 뜻이랍니다. 그러니까 '꽃다운 나이'란 '꽃처럼 어여쁜 나이'라는 뜻이 아니라 '꽃과 같은 향기가 나는 나이'라는 뜻인 것이지요. 고수풀의 냄새가 마치 여성용 화장품 냄새와 비슷해서 젊은 여성을 가리키게 된 것이지요. 궁금하면 지금이라도 고수풀을 뜯어다가 한입 물어보세요. 꼭 화장품을 먹은 것 같은 느낌이 든답니다.

'말'은 우리말에서 '물풀'을 통틀어 이르는 말이에요. 물풀 중에서 밤 모양의 열매가 열리는 물풀이 있는데, '말'에서 나는 밤이라는 뜻으로 '말밤'이라고 불렀답니다. 물론 이에 따라 이 풀의 이름도 '말밤풀'이 되었지요.

마름

 말밤풀은 물 위로 사각형 모양의 잎이 피고, 양쪽 끝이 뾰족한 소뿔 모양의 검은색 열매가 열린답니다. 이 열매는 생긴 것도 밤처럼 생겼지만 삶으면 하얀 속살이 밤 맛이 나서 '물밤' 또는 '말밤'이라고 하는 것이지요. 우리나라 전통 한방에서는 '능실'이라고 해서 건강 보조제나 설사약, 암 치료제, 위장 보호제 등으로 사용하기도 하지요. 이 '말밤'이라는 말이 **'말왐'**이 되었다가 **'마름'**으로 바뀌어 지금에 이르고 있답니다.

　말밤, 즉 마름으로는 묵을 쑤어 먹기도 하는데, 일부 지방에서는 이를 '올방개묵'이라고도 해요. '올방개'도 알고 보면 '말밤개'에서 변한 말이니 모두 같은 어원을 지닌 말이라고 할 수 있지요. 무엇보다 수학 시간에 배우는 '마름모'에 바로 이 낱말이 들어 있지요. '마름모'란 '마름'과 같은 모양의 모가 난 것을 말합니다.

　'마름'은 이렇게 연못가의 개구리들이 올라앉아서 개굴개굴 노래를 부르는 비뚤어진 네모 모양의 이파리를 말해요. 넓은 마름 잎 앞에는 흔히 조그만 밥알 모양의 이파리들이 있는데, 그것은 개구리밥이라는 풀이에요.

4학년 2학기 1. **식물의 세계**

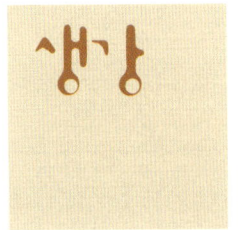 생강은 뭉툭한 뿌리줄기를 양념으로 먹는 식물이에요. 싫어하는 사람들도 있지만 김치를 비롯해 한국 음식을 만들 때 빠져서는 안 되는 중요한 양념거리이지요. 특히 군내를 없애거나 잡스러운 느낌을 없애는 데 좋아서 예전부터 우리나라 사람들이 아주 좋아하던 재료였지요.

생강

'생강'은 가운데에 있는 'ㄱ'이 약하게 되어서 '새앙'으로 바뀐답니다. 그리고 '새앙'이 다시 줄어들어서 '생'이라고도 하지요. 그러니까 '생강'이나 '새앙'이나 '생'이나 같은 것을 가리키는 말이지요. '새앙나무, 새앙순'은 모두 '생강나무, 생강순'이라는 말이고요, '새앙가루, 새앙술,

새앙엿, 새앙정과' 같은 말들은 모두 '생강을 재료로 하여 만든 음식'을 나타내지요. 참, 새앙나무 그러니까 생강나무는 생강하고는 전혀 다른 식물이랍니다.

'생강'에서 변한 말인 '새앙'은 또 '새앙손이, 새앙머리, 새앙쥐, 새앙토끼' 등에서도 보이는데, 여기에서 **'새앙'**은 모두 '생강 모양의 것'이라는 의미를 거쳐 **'작고 뭉뚝한 것'**을 가리킨답니다.

'새앙손이'는 손가락이 생강처럼 뭉뚝하게 되는 병이 있는 사람을 말해요. 옛날 궁중에서는 어린 나인들이 머리를 따지 않고 대충 두 묶음으로 묶고 다녔는데, 이런 머리를 '생강머리, 새앙머리, 생머리'라고 했답니다. 이런 '생머리'를 하고 있는 나인들을 '생각시'라고 했고요. '대장금' 같은 사극을 보면 생각시들이 나오지요.

또 생강 모양으로 생긴 작은 쥐를 '새앙쥐'라고 했는데 줄여서 '생쥐'라고 한답니다. 그러니까 생쥐는 '쌩!~' 하고 빨리 달리는 쥐도 아니고, 생생하게 살아서 돌아다니는 쥐도 아니고, 생긴 모양이 꼭 생강처럼 뭉뚝하게 생긴 쥐라는 뜻이랍니다.

닭의장풀 달개비

달개비, 참 예쁜 이름이지요? 어디에서 온 말일까요? 다른 말로는 '닭의장풀'이라고 하는데요, 이 풀은 옛날부터 주로 닭장이나 토끼장 근처에서 흔히 자라던 야생풀이에요. 그래서 **닭장 근처에서 자라는 풀**이라는 뜻으로 '닭의장풀'이라는 이름이 붙

달개비

은 거랍니다.

'달개비'에는 또 '닭의밑씻개'와 '닭의씻개비'라는 이름이 있어요. '닭의밑씻개'는 닭이 앞마당 여기저기를 돌아다니다가 닭장 근처에서 볼일을 보고 아무 일도 없었다는 듯 엉덩이를 근처에 있는 이 풀에다가 쓱쓱 문질러서 밑을 닦았다는 데에서 나온 말이에요. '닭의씻개비'도 '닭의 밑을 씻는 데 쓰던 풀'이라는 뜻으로 이르던 말이지요. '달개비'는 바로 이 '닭의씻개비'가 줄어들면서 만들어진 말이랍니다.

하지만 이런 약간 지저분한 어원에도 불구하고 달개비는 옛날부터 우리나라 선조들이 매우 소중하게 아껴오던 풀이랍니다. 비록 피자마자 바로 져버리는 하루살이꽃이 피는 볼품없는 풀이지만, 옛 선비들이 '꽃이 피는 대나무'라고 하여 아끼던 풀이지요. 그 중에서도 자주색 꽃이 피는 자주달개비는 꽃도 예쁘고 향도 좋아서 이파리를 말려 차를 끓여 먹기도 했어요. 지금은 닭장을 벗어나서 사무실이나 아파트의 화분에 곱게 모셔져서 자라는 귀한 대접을 받는 소중한 풀이지요.

4학년 2학기 1. 식물의 세계, 5학년 1학기 7. 식물의 잎이 하는 일

억새풀

억새는 산이나 들의 편평한 곳에 흔히 자라는 풀이에요. 바닷가나 강가에서 주로 자라는 갈대와 비슷하지만, 갈대에 비해서 대나 이파리의 힘이 좀 없고 더 가늘지요. 억새는 지역에 따라 '으악새'라고도 했는데, 옛날 노래 중에 '아~아 으악새 슬피 우니 가을인가요'로 시작하는 노래가 있어요. 이때 '으악새'는 바로 이 억새를 말하는 것이랍니다.

억새풀

억새밭에 바람이 불면 스스스 하고 소리가 나는데, 으악새가 슬피 운다는 것은 억새가 바람에 떨면서 소리를 내는 것을 가리키는 말이지요.

'억새'의 '새'는 본래 볏과의 풀을 통틀어 이르던 말이에요. 옛날에는 초가집 지붕에 '새'를 말린 짚을 얹었는데, 그래서 전통적으로 **'새'는 지붕을 덮는 것을 가리키게 되었답니다.** '기와'의 어원을 보면 쉽게 알 수 있어요. '기와'는 본래 '디새'라고 불렀는데, 옛날에 질흙을 가리키던 '딜'과 지붕을 덮은 풀을 가리키던 '새'가 합쳐져서 '디새'가 되었다가 '지새'를 거쳐 '기와'가 되었답니다. 특히 '기와'의 옛날말인 '디새'는 지붕 덮는 데 주로 쓰던 '새'라는 말이 지붕 덮는 재료를 대표하는 말이 되었음을 잘 보여주는 말이지요.

지금도 기와지붕에서 물이 흘러내리는 골이 되는 부분의 기와를 '막새'라고 해요. 그리고 강원도 산골에 가면 두꺼운 나무껍질을 넓게 조각내서 지붕을 덮은 집들이 있는데, 지붕에 덮은 나무껍질을 '널판지 모양의 기와'라는 뜻으로 '너와'라고 해요. '너와'도 본래는 '너새'에서 온 말이랍니다. '막새, 너새'의 '새' 모두 본래 지붕을 덮은 것을 나타내던 '새'라는 풀이름이 일반화되면서 남겨진 말이지요.

　'억새'의 '억'은 어원이 분명하지 않지만 조금만 깊이 생각해 보면 이 말의 뜻을 알 수 있어요. 우리가 흔히 쓰는 말 중에 '억'이 들어가는 말에는 '억세다, 억지로'가 있어요. 이때의 '억'은 어떤 일을 할 때 매우 힘들어서 해야 함을 가리키는 말이에요. 그러니까 '억새'는 다른 풀들과 달리 잘 꺾이지 않고 마른 뒤에도 모양이 잘 바뀌지 않는 풀을 가리키는 말이지요.

　들판에 떼를 이루며 자라는 억새풀은 비록 일년생 풀이지만 자라는 내내 자신의 모양을 꼿꼿이 유지해요. 말리고 나도 쉽게 짓물러지지 않고 그 모양이 그대로 유지되지요. 특히 물에 강해서 비를 맞아도 쉽게 상하지 않고 그저 빗물을 흘려보낸답니다. 흙으로 집을 만들던 시절에 빗물이 집에 스며들지 않게 하는 데 가장 좋은 천연 재료였던 거지요.

나물 이름 이야기

동글동글 고사리 동글동글 고비 곱디고와 고사리 곱디고와 고비

넓어넓어 넘나물 쓰디써서 씀바귀

'나물'은 산이나 들에 나는 풀 중에서 먹을 수 있는 풀을 가리키는 말이에요. '채소'나 '야채'하고 비슷한 말이지만, '채소'나 '야채'가 생으로 먹을 수 있는 것을 포함하는 데 비해서 '나물'은 흔히 데치거나 볶거나 삶아서 양념에 무쳐 먹는 것만을 가리키지요. 배추나 고추는 채소이지만 나물은 아니고, 콩나물이나 숙주나물, 냉이, 쑥 같은 것들은 나물에 속해요.

고비 고사리

우리가 즐겨 먹는 나물 중에 고비랑 고사리가 있어요. 고비도 그렇고 고사리도 그렇고 모두 끝이 동그랗게 말려 있는 풀이라는 공통점이 있지요. 둘 모두 '구부리다'라는 뜻을 갖는 '곱다'에서 나온 말이니까요. 다만 고비는 고사리보다 말려 있는 모양이나 크기가 더 크고, 고사리는 풀끝에서만 아주 조그맣게 말려 있어서 크기가 아주 작다는 점이 다르답니다. 아기들 손이 마디

고비   고사리

없이 동그랗게 말려 있는 것을 '고사리손'이라고 하는 것은 바로 그런 이유 때문이에요.

고비는 크게 한 번만 둥그렇게 말려 있지만 고사리는 작게 여러 번 돌돌 말려 있어요. 이건 아마도 '사리'라는 말과 관련이 있는 듯해요. 국수나 라면 같은 것을 돌돌 말아서 뭉쳐 놓은 것을 우리말로 '사리'라고 하는 건 잘 알죠? '고사리'는 이렇게 '곱사리'라는 말이 변해서 만들어진 말인 듯해요.

참고로 뱀이 몸을 돌돌 말고 있는 것을 '도사린다'고 하는데, '도사린다'는 '돌다'와 '사리다'가 합쳐서 만들어진 말이에요. '돌돌 말아서 뭉친다'는 뜻이고, 이때의 '사리다'가 '사리'와 관련이 있다는 것도 함께 알아 두세요.

🔍 이런 속담 들어봤나요?

고비, 고사리

· 고비에 인삼
어려운 일이 공교롭게 계속됨을 이르는 말.

· 고사리도 꺾을 때 꺾는다
무슨 일이든 다 하여야 할 시기가 있는 것이니 그때를 놓치지 말고 하여야 한다는 말.

4학년 2학기 1. 식물의 세계, 6학년 1학기 5. **주변의 생물**

넘나물 씀바귀

우리 식탁에 오르는 나물에는 고비나 고사리 말고도 수없이 많은 나물이 있어요. 그 가운데에 왜 그런 이름이 붙었는지 알 수 있는 나물 이름으로는 '넘나물'과 '씀바귀'가 있어요. '넘나물'은 잎이 넓어서 **'넓나물'** 이라고 하던 데에서 발음이 바뀌어 '넘나물'이 된 말이고, '씀바귀'는 맛이 쓴 바구니 같은 모양의 풀이라는 뜻에서 **'쓴 바구니'** 라는 말이 바뀌어 만들어진 말이에요. 어원들을 알고 나니 나물들 이름이 참 가깝게 느껴지지요?

넘나물

씀바귀

4학년 2학기 **1. 식물의 세계**, 6학년 1학기 **5. 주변의 생물**

콩 이름이야기

강남에서 온 강냉이
중국에서 온 강냉이

강남에서 온 강낭콩
중국에서 온 강낭콩

땅 밑에 땅콩
당나라 땅콩
중국에서 온 땅콩

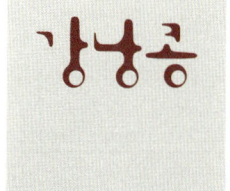

우리나라에서는 예로부터 중국을 강남이라고 불렀어요. 그래서 **중국에서 건너온 콩을 '강남콩'이라고 했지요.** '친구 따라 강남 간다'든지 '강남 갔던 제비가 다시 돌아온다'에 나오는 강남이 바로 지금의 중국이에요. 중국에서 들어온 '강남콩'은 오랫동안 '강남콩'으로 쓰이다가 지금은 '강남콩'을 인정하지 않고 '강낭콩'만 인정하게 되었어요.

강낭콩

이 단어와 비슷한 유형의 발음 변화를 보이는 단어로는 '강냉이'와 '강낭죽'이 있어요. '옥수수'의 다른 말인 '강냉이'는 '중국'이라는 뜻의 '강남'과 '쌀'이라는 뜻의 '이'가 합쳐진 '중국에서 들어온 쌀'이라는 뜻의 '강남이'가 변한 말이에요. 이때의 '이'는 '쌀' 혹은 '쌀밥'을 뜻하는 우리 옛말이에요. 지금은 '이바지하다'라든지 '입쌀, 잇뵈' 같은 말에만 남겨져 있지만, '이'는 본래 밥을 짓기 위한 쌀 혹은 쌀로 만든 밥을 가리키던 말이지요. '강낭콩으로 끓인 죽'을 '강낭죽'이라고 한답니다.

땅콩

땅콩 좋아하죠? 딱딱한 겉껍질을 까고 부드러운 속껍질을 까면 매끈한 열매가 나오는데 기름에 볶은 땅콩은 고소하기가 천하일품이지요. '땅콩'은 어디에서 온 말일까요? 땅콩의 어원에 대해서는 크게 세 가지 주장이 있어요.

첫 번째 주장은 땅 위에서 열매가 나는 일반적인 콩에 비해서 **땅 속에서 열매가 나는 콩**이라는 뜻에서 온 말이라는 거예요. 두 번째 주장은 중국을 의미하는 '**당**唐'에 '콩'이 결합하여 '**당콩**'이 되었다고 '당콩'이 '땅콩'으로 변한 말이라는 거예요. 즉 '땅콩'이란 중국 콩이라는 뜻이라는 것이지요. 중국에서 들어왔다는 뜻의 다른 말로 '**호콩**'이라고도 해요.

땅콩

1학년 1학기 2. 봄이 왔어요, 4학년 1학기 3. 식물의 한살이, 4학년 2학기 1. 식물의 세계, 5학년 2학기 3. 열매

과일 이름이야기

참외 들에 개똥참외 볼록 배꼽참외 개굴개굴 개구리참외 · 땡감 벗겨 곶감 꽂이 꽂아 곶감

무에 오디 새까만 오디 · 물이 많아 수박 물오이라 수박

'외'는 '오이'를 말해요. 그러니까 '참외'는 진짜 좋은 오이라는 뜻이지요. 보통의 오이가 시원하기는 하지만 별다른 맛이 없이 밋밋한 데 비해서 참외는 아주 달고 맛있기 때문에 '참외'라고 부르는 것이지요.

달콤한 참외는 모양이나 맛에 따라 다양한 이름이 있어요. 사람이 키우지 않아도 길가나 들 같은 곳에 저절로 생겨난 참외를 **'개똥참외'**라고 해요. 딱히 비료를 주지 않고 지나다니는 개의 똥을 비료 삼아 자란 참외라는 뜻이지요. 사람들이 먹으려고 키우는 참외보다는 작고 맛이 없어서

참외

보통은 잘 먹지 않아요. '배꼽참외'라는 말도 있어요. 꽃받침이 떨어진 자리가 유달리 볼록 튀어나온 참외를 말하지요. '개구리참외'라는 이름의 참외도 있는데, 개구리 모양으로 껍질이 푸른색이고 얼룩덜룩한 점이 있는 모양으로 생겼어요. 때로는 색깔이 노랗고 푸른 줄이 그어진 모양의 참외도 볼 수 있는데, 이런 참외를 '꾀꼬리참외'라고 한답니다. 참 재미있는 이름들이지요?

🔍 이런 속담 들어봤나요?

참외

· 개똥참외는 먼저 맡는 이가 임자라
임자 없는 물건은 무엇이든 먼저 발견한 사람이 차지하게 마련이라는 말.

· 개똥참외도 가꿀 탓이다
평범한 사람도 잘 가르치면 훌륭한 인물이 될 수 있음을 이르는 말.

· 아주까리 대에 개똥참외 달라붙듯
생활 능력이 없는 남자가 분에 넘치게 여자를 많이 데리고 사는 경우에 비꼬는 말. 연약한 과부에게 장성한 자식이 여럿 있는 경우를 이르는 말.

· 참외를 버리고 호박을 먹는다
알뜰한 아내를 버리고 둔하고 못생긴 첩을 취함을 이르는 말. 좋은 것을 버리고 나쁜 것을 취함을 이르는 말.

1학년 1학기 5. 자연과 함께해요, 4학년 1학기 3. 식물의 한살이, 5학년 2학기 열매

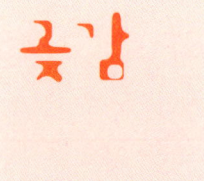

'곶감'의 '감'은 순우리말이긴 하지만 정확히 어디에서 온 말인지는 알 수 없어요. 감에는 붉은색 껍질의 무르고 단맛이 강한 **홍시**, 단단하고 주황색 껍질의 **땡감**이 있어요. 곶감은 홍시로는 만들 수 없고 땡감으로만 만들 수 있어요. 단단한 땡감을 껍질을 벗긴 다음 미리 만들어 놓은 꽂이에 꿰어서 서리가 내리기 시작하는 시기에서 겨울에 들어서는 시기 사이에 말려서 먹는답니다. 말리기 시작한 지 15일쯤 되면 말랑말랑한 연시가 되는데, 곶감은 이때가 가장 맛있다고 해요.

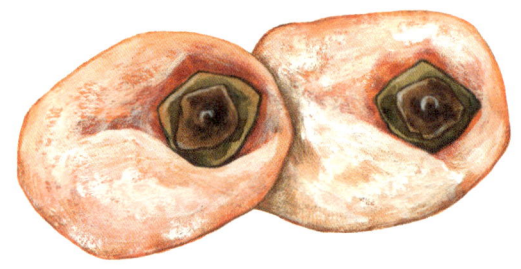

곶감

1학년 1학기 5. **자연과 함께해요**, 4학년 1학기 3. **식물의 한살이**, 5학년 2학기 **열매**

'감귤'은 한자말 '감柑'하고 '귤橘'이 합쳐진 말이에요. '귤'은 흔히 알고 있는 주황색의 시큼한 맛이 나는 과일을 말하고요, '감'은 '귤'보다는 좀 작은 귤의 한 종류랍니다. 흔히 제주도에서 나는 귤을 감귤이라고 하는데, '감'이 귤의 일종이라는 뜻에서 그렇게 부르는 거랍니다. 일본에서는 아주 작고 황금색이 짙은 개량종 '감柑'을 '금감金柑'이라고 불러요. 이 말이 우리한테는 그냥 일본식 발음으로 '낑깡'이라고 들어와 있지요. 그러니까 크기로 따지면 '낑깡〈감귤〈귤' 뭐 이런 정도가 되겠네요.

감귤

1학년 1학기 5. 자연과 함께해요, 4학년 1학기 3. 식물의 한살이, 5학년 2학기 열매

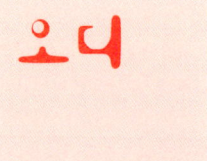
오디는 뽕나무의 열매를 말해요. 뽕나무 잎은 누에가 아주 좋아하는 음식이어서 우리나라에서도 오랜 옛날부터 비단을 만들기 위해서 뽕나무를 키웠답니다. 비록 비단을 만들기 위해서 키운 뽕나무이지만, 누에 말고도 사람들에게 아주 맛있는 열매를 제공하는데 그것이 바로 오디랍니다. 오디는 새까만 열매가 작은 포도처럼 다닥다닥 붙어서 열려요.

오디

우리 옛말에 '올' 이라는 말이 있어요. '옻' 으로도 쓰는 이 말은 '검다' 는 뜻을 가지고 있던 말이에요. 우리가 흔히 '옻나무' 라고 하는 나무는 옛날부터 검은 물감을 내기 위한 나무였고요, 이 나무에서 나온 물감으로 가구를 칠하는 것을 옻칠이라고 했지요. 그리고 한밤중에 나무 위에 앉아서 먹이를 찾는 '올빼미' 의 옛 이름은 바로 '올밤' 이에요. '올밤' 은 '깜깜한 밤' 이라는 뜻이지요. '올빼미' 가 깜깜한 밤에 날아다니는 새라는 뜻에서 '올 밤이' 를 거쳐서 '올빼미' 가 된 것이지요. 그러니까 **오디, 옻나무, 올빼미** ' 모두 같은 어원에서 나온 말이랍니다.

🔍 이런 속담 들어봤나요?

곶감
· 곶감 꼬치에서 곶감 빼 먹듯
애써 알뜰히 모아 둔 재산을 조금씩 조금씩 헐어 써 없앰을 이르는 말.

· 곶감이 접 반이라도 입이 쓰다
마음에 안 맞아 기분이 안 좋음을 이르는 말.

· 곶감 죽을 먹고 엿목판에 엎드러졌다
곶감으로 쑨 맛있는 죽을 먹었는데 또다시 엿을 담은 목판에 엎어져서 단 엿 맛까지 보게 되었다는 뜻으로, 잇따라 먹을 복이 쏟아지거나 연달아 좋은 수가 생김을 이르는 말.

1학년 1학기 5. 자연과 함께해요, 4학년 1학기 3. 식물의 한살이, 5학년 2학기 열매

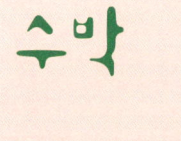

'수박'의 옛날 발음은 '슈박'이었어요. '박'은 오이나 호박처럼 덩굴에 달리는 둥그런 열매를 통틀어 이르던 우리말이고, '슈'는 한자어 '水'에서 온 말이에요. 그러니까 '슈박'은 '물이 많은 박'이라는 뜻으로 만들어진 이름이지요.

중국에서는 이 과일을 '물오이'라는 뜻에서 '수과水瓜'라고도 하고 서방(아마 인도를 말하는 것 같아요)에서 들여온 과일이라는 뜻에서 '서과西瓜'라고도 한답니다. 하지만 우리말에서 '오이'는 길쭉한 과일을 말하고 동그란 과일을 나타낼 때는 '박'이라는 말을 쓰니까 아무래도 '수과'보다는 '수박'이라는 말이 더 자연스럽지요

수박

1학년 1학기 5. 자연과 함께해요, 4학년 1학기 3. 식물의 한살이, 5학년 2학기 열매

열매 이름 이야기

고코이모 고금아
고금아 고구마

나무 파서 함지박
크게 벌려 함박웃음
가득가득 함박눈

엄마돼지 새끼돼지
다닥다닥 돼지감자

나무 이름이나 꽃 이름보다 열매 이름이 더 많이 알려진 식물들이 있어요. 이 중에도 어원이 널리 알려지지 않았지만 재미난 이름들이 있어요.

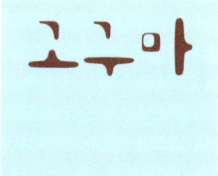

구워 먹어도 맛있고 쪄서 먹어도 맛있고 그냥 날로 먹어도 맛있는 고구마. 특히 겨울밤에 아빠가 사 오시는 군고구마의 달콤하고 고소한 맛은 그 무엇과도 비교할 수 없는 별미 중의 별미죠. 그런데 '고구마'는 어디에서 온 말일까요? 본래 고구마는 중남미 지역에서 자라는 식물이었는데, 아메리카 대륙을 발견한 콜럼버스에 의해서 스페인으로 전해진 뒤 널리 퍼졌다고 해요. 아시아에서는 중국과 일본에 먼저 전해졌는데, 우리나라에는 일본을 거쳐서 전해진 것으로 알려져 있어요.

고구마

이 말은 본래 일본 쓰시마 지방의 방언에서 고구마를 일컫는 '고코이모'에서 온 말이에요. '고코이모'에서 '고코'는 '효행孝行'의 일본식 발음인데, 부모님을 모시기에 좋은 열매라는 뜻이지요. 여기에 일본에서 감자나 토란처럼 땅속 열매를 뜻하는 일본말 '이모'가 합해져서 '고코이모'가 된 거랍니다. 이렇게 일본의 '고코이모'가 우리나라에 들어와서 '고금아'를 거쳤다가 지금의 '고구마'가 된 거예요.

이런 속담 들어봤나요?

고구마

· 아낙네 말 많으면 고구마 밑 안 든다
잡초약이 없었던 옛날에는 고구마 밭에서 아낙네들이 김매기 할 때 일은 등한시하고 말만 많으니 일이 잘 이루어질 리가 없다.

· 하지 안에 심은 고구마는 침만 발라도 산다
고구마는 5~6월의 건조한 토양 조건에서도 잘 자라므로 적당한 시기에 고구마를 심으면 수확이 좋다.

· 고구마는 뿌리 쪽이 북쪽으로 향하게 심어라
고구마를 심을 때 뿌리 쪽이 북쪽을 향하면 줄기 쪽은 남쪽으로 향하게 된다. 고구마 습성상 뿌리는 해를 멀리하고 줄기는 해를 좋아한다.

1학년 2학기 4. 가을의 산과 들, 5학년 1학기 7. 식물의 잎이 하는 일

돼지감자

감자 중에는 '돼지감자'라는 이름의 감자가 있어요. 보통의 감자는 둥글둥글하게 생겼지만 돼지감자는 땅속에서 막 캐면 울퉁불퉁한 게 꼭 생강처럼 생겼지요. 하지만 흙을 털고 잘 씻어서 모아놓으면 꼭 엄마돼지 옆에 새끼돼지들이 다닥다닥 붙은 모양처럼 보인답니다. 그래서 '돼지감자'라는 말이 붙었지요. 돼지감자는 다른 말로 뚱딴지라고 불러요.

그런데 어떤 이유에서인지 아주 엉뚱한 일을 가리키는 데 이 이름이 사용되기 시작했어요. 그래서 무언가 엉뚱한 일을 하는 사람이나 그 사람이 하는 행동에 대해서 **'뚱딴**

돼지감자

지같다'는 표현을 쓰게 된 것이지요. 그런 걸 보면 이 두 번째 뜻은 어쩌면 엉뚱하게 딴지(딴죽)를 건다는 뜻에서 나온 말인지도 모르겠어요.

'뚱딴지'는 또 옛날 전봇대에 전선을 고정시키고 전류가 통하지 않게 하기 위해 만드는 '애자'를 가리키기도 해요. 애자의 생김새가 돼지감자, 즉 뚱딴지하고 비슷하게 생겼기 때문이에요.

🔍 이런 속담 들어봤나요?

감자
· 감자 밭에서 바늘 찾는다
아무리 애쓰며 수고해도 찾을 수 없는 경우를 이르는 말.

· 감자 잎에 노루 고기를 싸 먹겠다
감자가 한창 자라는 여름에 때아닌 눈이 내려서 먹이를 찾으러 마을로 온 노루를 잡아먹을 수 있겠다는 뜻으로, 때 아닌 철에 눈이 내리는 경우를 이르는 말.

1학년 2학기 4. 가을의 산과 들, 5학년 1학기 7. 식물의 잎이 하는 일

박은 옛날 초가지붕 위에 달처럼 둥글게 매달려서 자라나는 덩굴 식물의 열매예요. 아주 오래 전부터 우리 민족하고 인연을 맺은 박은 먹을 게 없던 시절에는 안에 있는 과즙을 죽처럼 끓여 먹고, 나머지 박 껍질은 말려서 바가지를 만들어서 썼답니다.

물이 많은 박을 수박이라고 하고 중국에서 들어온 박을 호박이라고 하지요. 또 호리병처럼 생긴 박을 호리병박이라고 해요. 호리병박은 조롱박이라고도 하는데, 생긴 모양

박

이 두 개의 크고 작은 원이 이어져 있는 모양을 조롱 혹은 조랑이라고 하기 때문에 붙여진 이름이지요. 조랑말이나 조랑떡국을 생각해 보면 금방 알 수 있어요.

큰 나무를 박처럼 속을 파서 만든 그릇을 함지박이라고 하는데, 함지박은 흔히 함박이라고 줄여서 쓰기도 한답니다. 입을 크게 벌려서 웃는 웃음을 가리키는 **함박웃음**이나 탐스러운 눈송이가 온 세상에 가득 내릴 때 쓰는 **함박눈** 같은 말 속의 '**함박**'이 바로 이 함지박을 말하는 거랍니다.

 이런 속담 들어봤나요?

박

· 내 것 잃고 내 함박 깨뜨린다
자기의 소중한 것을 다 내주었는데도 그만 함박까지 깨뜨린다는 뜻으로, 이중의 손해를 보게 됨을 이르는 말.

· 입이 함박만 하다
입이 함지박만큼 커질 정도로 매우 기뻐하고 만족해하는 경우를 이르는 말.

· 함박 시키면 바가지 시키고 바가지 시키면 쪽박 시킨다
윗사람이 아랫사람에게 무슨 일을 시키면 그도 자기의 아랫사람을 불러 일을 시킨다는 말.

1학년 2학기 4. 가을의 산과 들, 5학년 1학기 7. 식물의 잎이 하는 일

🔍 이런 속담 들어봤나요?

콩

· 강남 장사

이득이 많은 장사를 이르는 말. 오직 제 이익만 생각하고, 태도가 오만한 사람을 이르는 말.

· 친구 따라 강남 간다

자기는 하고 싶지 않으나 남에게 끌려서 덩달아 하게 됨을 이르는 말.

수박

· 되는 집에는 가지 나무에 수박이 열린다

잘되어 가는 집은 하는 일마다 좋은 결과를 맺음을 이르는 말.

· 밑구멍으로 호박씨 깐다

겉으로는 점잖고 의젓하나 남이 보지 않는 곳에서는 엉뚱한 짓을 하는 경우를 이르는 말.

· 수박 겉 핥기

맛있는 수박을 먹는다는 것이 딱딱한 겉만 핥고 있다는 뜻으로, 사물의 속 내용은 모르고 겉만 건드리는 일을 이르는 말.

· 수박은 속을 봐야 알고 사람은 지내봐야 안다

수박은 쪼개서 속을 보아야 잘 익었는지 설익었는지 알 수 있고 사람은 함께 지내보아야 속마음이 어떠한지 알 수 있다는 말.

· 허울 좋은 수박

보기만 좋았지 아무 실속이 없는 사람이나 사물을 이르는 말.

넝굴 이름 이야기

질경질경 칡뿌리 질겨질겨 칡뿌리 · 덩굴덩굴 등나무 주렁주렁 등나무

길쭉길쭉 수세미 박박 닦아 수세미

　풀도 아닌 것이 나무도 아닌 것이, 덩굴손을 가지고 나무나 담벼락을 휘감아 올라가는 식물을 넝쿨이라고 해요. 넝쿨은 다른 말로 덩굴이라고도 하고 넌출이라고도 하는데, 덩쿨이라는 말은 잘못된 말이니 쓰지 않도록 조심해야 해요.

칡

우리나라의 넝쿨 식물 중에서 가장 대표적인 것이 칡이에요. 우리나라 어느 산에서나 나무를 휘감아 올라가서 잎을 아래쪽으로 드리우고 있는 칡을 쉽게 만날 수 있답니다. 칡의 뿌리 부분을 캐어서 질겅질겅 씹으면 아주 질긴 섬유질 일부를 빼고는 다 먹을 수 있어요. 처음에 먹을 때는 나무 냄새하고 흙냄새가 나서 좀 싫은

칡

느낌이 들 수도 있지만, 씹을수록 단맛이 입안에 가득차서 옛날부터 우리나라에서는 좋은 간식거리로 사용되어 왔답니다.

칡의 옛날 발음은 '즑' 이었는데, 이 말은 지금까지도 남겨져서 '질기다' 의 어원이 되었답니다. 칡의 줄기가 아주 질기기 때문에 칡처럼 잘 안 끊어지는 것을 가리킬 때 '질기다' 라고 하는 거지요. '질겅질겅' 도 칡을 씹는 모양에서 나온 말이랍니다.

🔍 이런 속담 들어봤나요?

넝쿨

· 호박 넝쿨과 딸은 옮겨 놓은 데로 간다
호박 넝쿨은 가지를 옮겨 놓은 데로 뻗기 마련이고 딸은 시집가면 남편을 따라가기 마련이라는 뜻으로, 딸을 시집보낼 때는 사윗감을 잘 골라야 한다는 말.

· 호박이 넝쿨째로 굴러떨어졌다
뜻밖에 좋은 물건을 얻거나 행운을 만났다는 말.

· 뻗어 가는 칡도 끝이 있다
칡이 기세 좋게 벋어 나가지만 그것도 한계가 있다는 뜻으로, 무엇이나 성하는 것도 한도가 있음을 이르는 말.

4학년 2학기 1. 식물의 세계

등나무

칡만큼 널리 알려진 넝쿨 식물로 등나무가 있어요. 학교나 공원 같은 공공장소의 벤치 위쪽에 지지대를 만들어 놓고 심어놓는 덩굴나무가 대부분 등나무예요. 5월에서 6월 동안에 보라색이 섞인 아카시아 꽃 같은 꽃무리가 아래쪽으로 주렁주렁 달리지요. 등나무 꽃은 아카시아 꽃보다 훨씬 크고, 아주 기분 좋은 향이 난답니다. 특히 질긴 덩굴줄기는 칡과 함께 옛날부터 끈 대신 사용해 왔어요.

산에는 칡과 등나무가 서로 뒤엉켜 있는 일이 많은데, 그러면 어느 줄기가 어디에서 온 것인지 분간하기가 어려워요. 이런 모양을 한자로는 '갈등葛藤'이라고 하지요. '갈'은 '칡'을 가리키는 말이고, '등'은 바로 등나무를 말해요. 칡과 등나무 덩굴이 뒤얽혀 있는 것처럼 복잡한 상황에서 생기는 인간관계를 갈등 관계라고 한답니다.

등나무

수세미

칡이나 등나무만큼이나 널리 알려진 넝쿨 식물로 수세미도 있어요. 수세미는 넝쿨 모양이나 이파리, 꽃모양 따위가 등나무하고 구별하기 어려울 정도로 비슷해요. 하지만 등나무의 열매가 길쭉한 콩처럼 생긴 데 비해 수세미는 마디가 없이 오이처럼 생긴 길쭉한 열매가 열리는데, 이것을 **'수세미외'** 라고 하지요.

수세미외는 말린 뒤 깍지를 벗겨내면 그 안에 섬유질이 많은 내용물이 들어 있어서 설거지할 때 그릇을 닦는다든지, 오래된 놋그릇 따위의 녹을 제거하는 데 썼어요. 지금 우리가 그릇을 닦는 데 쓰는 '수세미'는 '수세미외'에서 온 말이지요. 수세미외의 내용물은 냉국으로 먹거나 밀가루에 섞어서 수세미 칼국수를 해서 먹기도 하지만, 즙을 내서 먹으면 피부 미용에 좋아서 미용 재료로 쓰기도 해요.

수세미

4학년 2학기 1. **식물의 세계**

으름덩굴

칡이나 수세미만큼 널리 알려진 것은 아니지만 우리나라의 넝쿨 식물을 대표하는 것으로 으름덩굴을 빼 놓을 수 없어요. 가장자리가 밋밋한 타원형 이파리가 다섯 장씩 돌아가면서 나는 게 특징인 으름덩굴에서는 초가을이면 달콤한 으름 열매를 얻을 수 있어요. 씨가 좀 많은 게 흠이긴 하지만, 시원하고 달콤한 맛을 내는 으름 열매는 생긴 모양이 작은 바나나 같기도 해서 **한국의 바나나**로 불린답니다.

으름덩굴

4학년 2학기 1. **식물의 세계**

버섯 이름이야기

> 나무 붙어 목이버섯

> 소나무 송이버섯
> 돌버섯 석이버섯

> 느티나무 느타리
> 팽나무에 팽이버섯

　버섯은 땅에서 나는 고기로 널리 알려져 있어요. 엄밀히 말하자면 뿌리와 줄기, 이파리의 구분이 없이 실 같은 것이 이어진 모양으로 나기 때문에 다른 식물들과는 달리 균류에 속하지만 보통은 식물에 속하는 것으로 봐요. 그리고 버섯은 보통 나무에 기생해서 살기 때문에 '나무의 귀' 라는 뜻으로 '이栮' 라고 써요.

송이버섯

송이버섯은 소나무가 무성한 곳에서 솔잎이 오랫동안 쌓여서 두두룩해진 곳에서만 자라요. 솔잎 무지의 속에서만 나기 때문에 평소에는 잘 찾아낼 수가 없어요. 비가 오고 나면 송이버섯이 난 곳 근처가 봉긋하게 올라오기 때문에 이것을 보고 찾아내는 것이지요.

요즘은 양송이도 많고 개량종 송이도 많지만, 우리나라 토종의 자연산 송이는 소나무 숲이 없어지면서 점차 찾아보기 어렵답니다. 하지만 그 향과 육질의 씹히는 맛은 어떤 향료보다도 향기롭고 어떤 고기보다도 맛있어서 여전히 많은 사람들이 자연산 송이를 찾고 있지요. '송이'는 소나무를 가리키는 한자어 '송松'에 버섯을 가리키는 '이栮'가 결합해서 만들어진 말이에요.

송이버섯

6학년 2학기 3. 쾌적한 환경

석이버섯

송이버섯이 소나무 잎이 쌓인 곳에서 자라는 것이라면 해발 1,000미터 이상의 고산지 절벽, 바위틈에서 자라는 특이한 버섯도 있어요. 석이버섯이 그것인데, 이 말은 **돌 위에서 자라는 버섯**이라는 뜻이지요. 그래서 북한에서는 돌버섯이라고도 해요. 겉은 번들번들하고 잿빛이고 안쪽은 검고 거칠거칠해요. 실제로는 부드럽지만 말리면 가죽처럼 보인답니다. 고산지 절벽의 위험한 바위틈에서 나는 만큼 채취하기가 어려워서 가격도 비싸고 구하기도 어렵답니다.

석이버섯

6학년 2학기 3. 쾌적한 환경

목이버섯

송이버섯이나 석이버섯처럼 소나무 잎이나 바위틈에서 자라는 경우도 있지만, 대개의 버섯들은 **나무에 기생해서 자라요.** 목이버섯은 봄에서 가을에 걸쳐 뽕나무나 말오줌나무 따위의 죽은 나무에 많이 나는데, 음식 재료로 주로 사용되지요. 중국 음식을 먹다 보면 짬뽕이나 탕수육에 섞여 나오는 검은 수제비 모양의 재료가 있는데, 그게 바로 목이버섯이랍니다.

목이버섯

6학년 2학기 3. 쾌적한 환경

느타리버섯

'느타리버섯'은 느티나무 같은 낙엽활엽수의 마른 나무에 기생해서 자라기 때문에 붙여진 이름이에요. 작은 조개껍데기 같은 모양이 한 뿌리에서 여럿이 자라나는 모양으로 생겼는데, 길이가 긴 것도 있고 짧은 것도 있어요. 느타리버섯을 한자로는 '만이晩栮'라고 하는데, 한자 '만'은 '늦다'는 뜻이어서 '느타리'를 '늦-'에서 온 말로 보고 한자로 적은 것이에요. 그러니까 '만이'는 '느타리'를 우리말 뜻을 살려서 한자로 쓴 말인 거예요.

느타리버섯

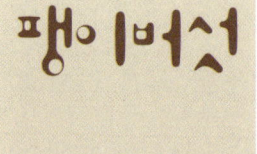
팽이버섯은 팽이처럼 생겨서 붙여진 이름이 아니라 **팽나무에서 자라는 버섯**이라는 뜻에서 붙여진 이름이에요. 그래서 팽나무버섯이라고도 하지요. 팽이버섯은 송이버섯하고 모양은 비슷하지만 송이버섯보다는 훨씬 작고 가느다랗지요. 여러 개의 버섯이 한 뿌리에서 나서 자라는데 흔히 국이나 찌개에 넣어서 먹는답니다. 얇은 실 같은 버섯이 쫄깃한 느낌을 주며 씹힐 때 상큼한 느낌을 함께 주어 고기만큼이나 맛있답니다.

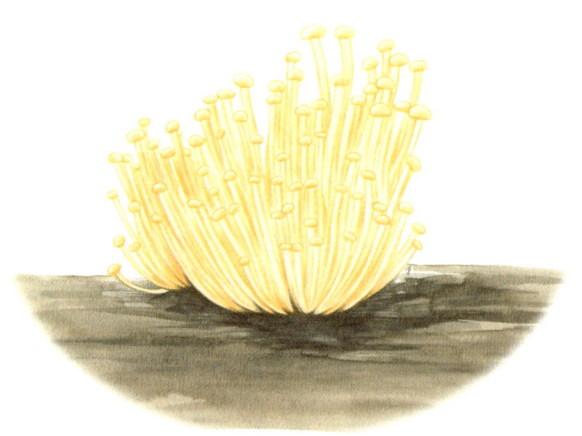

팽이버섯

권말 부록

교과서 어휘 **100점** 맞기!

1단계 - 기본 문제

2단계 - 시험에서 자주 틀리는 문제

3단계 - 틀리고 또 틀리는 문제

관련 있는 말 찾기, 비슷한 말 찾기, 알맞은 말 찾기, 소리 나는 대로 적기, 맞춤법에 맞게 쓰기부터 낱말 관계 맞히기, 바꾸어 쓰기, 올바른 문장 만들기, 잘못된 표현 고쳐쓰기, 동음이의어·다의어 문제, 낱말 사이의 어울림 문제까지 시험에서 자주 틀리는 유형의 문제들만 쏙쏙 뽑아서 냈어요. 틀린 문제들은 책 뒤에 있는 '정답 및 해설'을 참고해서 교과서 어휘 100점 맞기에 도전해 보세요!

1단계 | 기본문제

1. 그림을 보고 빈 칸에 알맞은 식물 이름을 적으세요.

①

②

③

④

⑤

⑥

⑦

⑧

① _____   ② _____

③ _____   ④ _____

⑤ _____   ⑥ _____

⑦ _____   ⑧ _____

2. 아래 낱말을 보고 서로 관련 있는 말을 찾아 선을 그어 보세요.

과꽃 •   • 상수리

나리 •   • 라일락

장다리꽃 •   • 백합

복사꽃 •   • 구화

참나무 •   • 배추

수수꽃다리 •   • 신선

3. 아래 낱말을 보고 서로 관련 있는 말을 찾아 선을 그어 보세요.

달개비 •　　　　　　　　　　• 화장품

오리나무 •　　　　　　　　　• 닭장

무궁화 •　　　　　　　　　　• 가라지

강아지풀 •　　　　　　　　　• 산해경

고수풀 •　　　　　　　　　　• 마름

말 •　　　　　　　　　　　　• 물감나무

아래 ㉠~㉣까지 낱말 중 4~12번 문제에 어울리는 비슷한 말을 찾아 쓰세요.(4~12)

㉠국화 ㉡복숭아꽃 ㉢라일락 ㉣포플러 ㉤참달래꽃
㉥버들강아지 ㉦목근화 ㉧닭의장풀 ㉨으악새

4. 달개비 –

5. 수수꽃다리 –

6. 과꽃 –

7. 복사꽃 –

8. 버들개지 –

9. 억새 –

10. 무궁화 –

11. 미루나무 –

12. 진달래꽃 –

🔍다음 각 글을 읽고 괄호 안에 알맞은 말을 골라 ○ 표시를 해 보세요. (13~20)

13. 구화반자는 국화 무늬를 그려 넣은 (문짝 / 천장 무늬), 구화장지는 국화 문양을 그려 넣은 (문짝 / 천장 무늬)을/를 말해요.

14. 우리말에서는 식물 이름을 지을 때 본래의 모양을 유지하거나 좋은 품종일 때는 (참 / 개)자를 붙이고 크기나 모양이 작거나 질이 나쁜 품종일 때는 (참 / 개)자를 붙여서 구별해요.

15. (장다리 / 꺼꾸리 / 늙다리)는 키가 아주 작은 사람, (장다리 / 꺼꾸리 / 늙다리)는 키가 아주 큰 사람을 가리켜요.

16. 참나무의 열매는 (상수리 / 도토리), 떡갈나무의 열매는 (상수리 / 도토리)예요.

17. 붉은색 물감을 내는 나무는 (물푸레나무 / 치자나무 / 오리나무 / 옻나무), 푸른색 물감을 내는 나무는 (물푸레나무 / 치자나무 / 오리나무 / 옻나무), 검은색 물감을 내는 나무는 (물푸레나무 / 치자나무 / 오리나무 / 옻나무), 노란색 물감을 내는 나무는 (물푸레나무 / 치자나무 / 오리나무 / 옻나무)예요.

18. 산의 해가 드는 쪽을 (비탈 / 양달 / 응달), 산의 그림자 지는 쪽을 (비탈 / 양달 / 응달), 산의 비스듬한 부분을 (비탈 / 양달 / 응달)이라고 할 때의 '달'은 모두 고구려 때부터 쓰던 '달'과 상관이 있어요.

19. 수세미는 (열매 / 나물 / 넝쿨 식물), 씀바귀는 (열매 / 나물 / 넝쿨 식물), 오디는 (열매 / 나물 / 넝쿨 식물)(이)랍니다.

20. 나무에 기생해서 자라는 버섯은 (석이버섯 / 목이버섯), 돌 위에서 자라는 버섯은 (석이버섯 / 목이버섯).

21. 다음 각 낱말을 소리 나는 대로 적으세요.

① 국화

② 꽃

③ 꽃잎

④ 햇빛

⑤ 붉은색

⑥ 옻나무

⑦ 닭의장풀

⑧ 곶감

⑨ 뒤얽히다

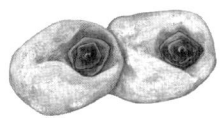

22. 다음 낱말들은 모두 잘못된 말들이에요. 맞춤법에 맞게 고쳐 쓰세요.

① 철죽

② 비녀를 꼿다

③ 떡깔나무

④ 끌여 먹다

⑤ 굼주리다

⑥ 강남콩

⑦ 칙

| 2단계 | 시험에서 자주 틀리는 문제 |

🔍 다음 각 글을 읽고 ㉠, ㉡의 낱말 관계와 같은 것을 고르세요. (1~3)

1. ㉠'꼬꾸리'는 키가 거꾸로 자란 사람, 그러니까 키가 아주 작은 사람을 말해요. ㉡'장다리'는 키가 아주 큰 사람을 가리키지요.
① 남자-여자 ② 있다-없다 ③ 삶-죽음 ④ 흑-백

2. ㉠고수풀은 미나리과에 속한 ㉡한해살이풀이다.
① 크다-작다   ② 많다-적다
③ 송이버섯-버섯 ④ 사과-배

3. 우리가 즐겨 먹는 나물 중에 ㉠고비랑 ㉡고사리가 있어요.
① 이팝나무-조팝나무 ② 과일-참외
③ 달개비-닭의장풀   ④ 꽃-달맞이꽃

🔍 다음 글을 읽고 각 물음에 답하세요. (4~5)

> 집안에서 관상용으로 키우는 백합이 ㉠보통 흰색이기 때문에 흔히 '백'이 '하얗다'는 뜻의 '백白'이라고 생각(   ), 여러 갈래의 잎이 통꽃으로 붙어서 피기 때문에 백 개의 이파리가 합쳐진 통꽃이라는 뜻으로 '백합百合'이라고 하는 거예요.

4. ㉠보통과 바꾸어 쓰기에 가장 적당한 말을 고르세요.
① 대부분   ② 너무   ③ 단지   ④ 오로지

5. (   )에 가장 알맞은 말을 고르세요.
① 하고   ② 해서   ③ 하므로   ④ 하지만

🔍 다음 각 글을 읽고 밑줄 친 말과 바꾸어 쓰기에 적당하지 않은 말을 고르세요. (6~8)

6. 풍성하고 향기로운 꽃만큼이나 어여쁜 우리 이름 '수수꽃다리'도 이렇게 하나하나 떼어놓고 보면 그 뜻이 그다지 어렵지 않아요.
① 예쁜   ② 고운   ③ 아름다운   ④ 순한

7. 무궁화는 '근' 이라고 부르던 나무에서 피던 꽃이에요. 이 말을 중국에서는 이 꽃이 나무에서 난다는 데 초점을 두고 '목근' 이라고 불렀지요.
① 근거해서   ② 중점을 두고   ③ 치우쳐서   ④ 주안점을 두고

8. 중국 사람들은 음식마다 꼭 샹차이를 넣어서 먹어요. 지금은 우리나라 사람들이 이 풀을 별로 안 좋아해요.
① 과히   ② 그다지   ③ 별반   ④ 종종

9. 다음 밑줄 친 '띄워서' 와 바꾸어 쓸 수 있는 가장 적절한 말을 고르세요.

┌─────────────────────────────┐
│ '화전' 은 진달래꽃잎을 띄워서 부친 전이에요. │
└─────────────────────────────┘

① 붙여서   ② 넣어서   ③ 날려서   ④ 으깨서

🔍 다음 각 문제에서 ①~④까지를 읽고 올바르게 짝을 지어 완성된 하나의 문장을 만드세요. (10~13)

10.
① '미나리'의 '미'는 옛날 고구려에서
② '개나리'의 '개'는 옛날 고구려에서
③ 진짜라는 뜻으로 쓰던 말이에요.
④ '물'이라는 뜻으로 쓰던 말이에요.

....

....

11.
① '고수풀'의 '고수'는 사실 '고되다, 고단하다'의 어원이 되는 말로,
② '고수풀'의 '고수'는 사실 '고소하다, 구수하다'의 어원이 되는 말로,
③ 지금도 방언에 '디다, 데다' 등으로 남아 있답니다.
④ 지금도 방언에 '고숩다, 꼬시다' 등으로 남아 있답니다.

....

....

124 식물 이름 수수께끼

12.
① 물풀 중에서 감 모양의 열매가 열리는 물풀이 있는데,
② 물풀 중에서 밤 모양의 열매가 열리는 물풀이 있는데,
③ '말'에서 나는 감이라는 뜻으로 '말감'이라고 불렀답니다.
④ '말'에서 나는 밤이라는 뜻으로 '말밤'이라고 불렀답니다.

13.
① '새앙손이, 새앙머리, 새앙쥐, 새앙토끼'에서 '새앙'은 모두 '생강 모양의 것'이라는
② '새앙손이, 새앙머리, 새앙쥐, 새앙토끼'에서 '새앙'은 모두 '생쥐 모양의 것'이라는
③ 의미를 거쳐 '작고 뭉뚝한 것'을 가리킨답니다.
④ 의미를 거쳐 '작고 귀여운 것'을 가리킨답니다.

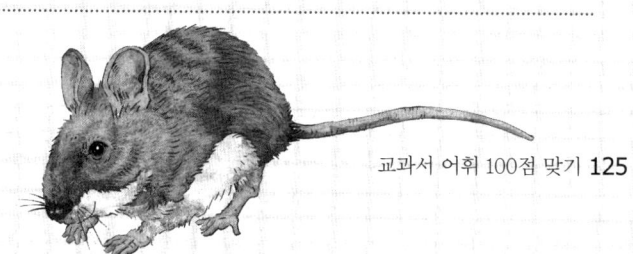

[3단계] 틀리고 또 틀리는 문제

🔍 다음 각 글을 읽고 잘못된 표현을 찾아 고쳐 쓰세요. (1~17)

1. '가사리'는 본래 바다 속 바위 위에 붙어 자라는 부채살 모양의 바다말이에요.

2. 메꽃은 나팔꽃과 비슷하게 생겼지만, 나팔꽃이 보라색에 가까운 파란색이듯 메꽃은 분홍색에 가까운 연보라색이어서 쉽게 구별할 수 있어요.

3. 무우와 배추에서 돋은 꽃줄기를 장다리, 장다리 위에 피는 무우꽃이나 배춧꽃을 장다리꽃이라고 해요.

4. 해바라기는 꽃이 피고 나면 해가 뜰 무렵부터 해가 질 무렵에도 해를 따라서 꽃이 움직이지만 '해바라기'라고 부르지요.

5. 찔레꽃은 덩쿨 줄기에 날카로운 가시가 있어서 예쁜 꽃을 따다가 잘 찔리기 때문에 찔레꽃이라고 해요.

6. 꽃잎이 살짝 달콤한 꽃향기가 나기는 하지만 **떫**은 맛이 날 뿐 그다지 맛있지는 않답니다.

7. 부레옥잠은 옥잠화랑 비슷하게 생겼지만 물 위에 떠서 피우기 때문에 '부레옥잠'이라고 한답니다.

8. 상수리보다 열매의 크기가 작고 굵기가 가는 것을 도톨이라고 해요.

9. 달개비는 단지 피자마자 바로 저버리는 하루살이꽃이 피는 볼품없는 풀이지만, 옛 선비들이 '꽃이 피는 대나무'라고 하여 아끼던 풀이지요.

10. 들판에 떼를 이루며 자라는 억새풀은 비록 일년생 풀이지만 자라는 내내 자신의 모양을 꼿꼿이 유지해요.

11. 옛날에는 초가집 지붕에 '새'를 말린 짚을 얹었는데, 그래서 전통적으로 '새'는 지붕을 덮는 것을 가르치게 되었답니다.

12. '외'는 '오이'를 말해요. 그런데 '참외'는 진짜 좋은 오이라는 뜻이지요.

13. 포플러는 하늘을 향해 죽죽 뻗어 올라간 가지에 초록색 잎파리가 매달려 있어요.

14. 버들강아지는 물가에 흐드러지게 피어 있는 버드나무의 꽃을 말해요.

15. 산기슭이나 길까에 흔히 자라는 나무 중에 오리나무가 있어요.

16. 아직 여물지 않은 오리나무 열매를 개흙에 석으면 검은색 물감이 되지요.

17. 옛날에는 포졸들이 박달나무를 깍아서 여섯 모를 낸 육모방망이로 도둑을 잡았답니다.

18. 다음 중 밑줄 친 '하고'의 의미가 다른 것을 고르세요.
① 진달래를 참꽃이라고 하고 철쭉을 개꽃이라고 하지요.
② 비자나무하고 비슷한 나무로 가문비나무가 있어요.
③ 생강나무는 생강하고는 전혀 다른 식물이랍니다.
④ 처음에 먹을 때는 나무 냄새하고 흙냄새가 나서 좀 싫은 느낌이 들 수도 있어요.

🔍 다음 각 글을 읽고 밑줄 친 말과 의미가 비슷한 말을 고르세요.(19~23)

19. '장다리'는 '길다'는 뜻의 한자말 '장長'에 '다리'가 붙어서 '키가 멀대처럼 기다랗게 큰 사람'을 가리켜요.
① 내가 너의 인생의 다리가 되어줄게.
② 무지개다리 너머 파랑새가 살고 있대.
③ 다리가 너무 아파서 학교에 못 갔어.
④ 미국 캘리포니아에는 길이 3km에 가까운 아름다운 다리가 놓여 있다.

20. 우리나라에 너무 일찍부터 한자어 '목근'이 들어와서 사용되는 바람에 무궁화의 고유어는 일찍부터 사라졌어요.
① 세찬 바람이 불어서 나무가 부러졌다.
② 점원이 바람 잡는 바람에 명품 가방을 샀다.
③ 바람 좀 쐬고 오겠습니다.
④ 동생이 넘어지는 바람에 형까지 넘어지고 말았다.

21. 엄마 일 가는 길에 하얀 찔레꽃
① 효정이는 홍콩 여행길에 올랐다.
② 지운이는 집에 오자마자 그 길로 축구하러 갔다.
③ 이것이 네가 가야 할 길이다.
④ 집 앞에 새 길이 놓였다.

22. 옛날 궁중에서는 어린 나인들이 머리를 따지 않고 대충 두 묶음으로 묶고 다녔어요.
① 광표는 머리가 작다.
② 광표는 머리가 좋다.
③ 광표는 항상 머리를 짧게 자르고 다닌다.
④ 광표가 무슨 생각을 하는지 우리들 머리로는 짐작할 수 없다.

23. 물론 이걸로 배가 부를 수도 없지요.
① 15의 두 배는 30이다.
② 조도에 가려면 배를 타고 가야 한다.
③ 고픈 배를 채우려 찔레꽃을 따 먹었다.
④ 아삭아삭 시원한 배를 먹었다.

24. 다음 중 밑줄 친 표현이 잘못된 것을 고르세요.
① 옻나무는 전통적으로 검은색 물감을 내는 데 주로 쓰던 나무예요.
② '주목'은 붉은 나무라는 뜻이에요.
③ 멀리서 보면 핫도그처럼 보이는 특이한 모습은 이러한 특징 때문에 생긴 거에요.
④ 무궁화는 사실 순우리말이 아니에요.

25. 다음 중 밑줄 그은 낱말의 어울림이 잘못된 것을 고르세요.
① 조팝나무는 하얀 꽃 속에 노란색 심이 있어서 마치 쌀밥에 조를 섞어서 만든 조밥에서 생겼답니다.
② 들판에 떼를 이루며 자라는 억새풀은 비록 일년생 풀이긴 해도 자라는 내내 자신의 모양을 꼿꼿이 유지해요.
③ 비록 비단을 만들기 위해서 키운 뽕나무이지만, 누에 말고도 사람들에게 아주 맛있는 열매를 제공해요.
④ 고사리는 아마도 '사리'라는 말과 관련이 있는 듯해요.

전국 초등학교 선생님들의 수업 활용 가이드

이 책은 이렇게 활용할 수 있어요!

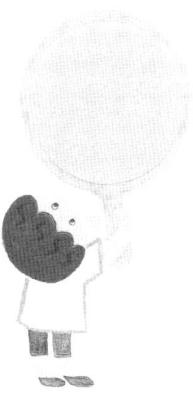

정윤희 선생님·장효진 선생님·조성모 선생님
권종순 선생님·최종득 선생님·이정아 선생님
윤해영 선생님·이미선 선생님·천영진 선생님
정만호 선생님·진영란 선생님·김미영 선생님
엄영숙 선생님

★ 정윤희 선생님

　읽어보면서 많이 배웠습니다. 뜻 모르고 부르던 이름들에 이렇게 하나하나 유래가 있고 의미가 있었다니…… 첫 장에 과학 교과 관련 표부터 마음에 들었습니다. 교사들은 이런 거 좋아하나 봐요.
　친절하고 풍부한 설명이 참 좋아요. 나리꽃에서 시작하여 바다생물까지, 오리나무를 물감나무라고도 한다는 것, 생각지 못했던 미루나무의 어원 등…… 그리고 단순히 식물 이름의 유래, 어원에 그치는 것이 아니라 동요 속에서 쓰인 의미, 그와 관련된 다른 동물이나 생활 모습까지 두루두루 설명되어 있는 점이 참 좋습니다.
　이런 이야기들 해주면 지루해서 몸을 베베 꼬고 있던 아이들도 눈에서 빛이 나거든요. 몇 가지 설명해 주면 "이건 무슨 뜻이에요? 이건 뭐예요?" 하면서 질문이 꼬리를 물고 이어진답니다.
　아이들이 종종 "선생님, 강아지풀은 왜 강아지풀이에요?" "고구마는 왜 고구마예요?", 이런 질문을 뜬금없이 하곤 하는데 대답하기 난처할 때가 많거든요. 그럴 때 권해주고 싶은 책이에요.
　일단 선생님, 부모님들이 먼저 읽어봤으면 좋겠어요. 수업할 때 관련 내용이 나오면 때마다 이야기해줄 거리가 풍부할 것 같습니다. 더 적극적으로 활용한다면 아이들과 함께 읽어보고 식물 이름 맞추기, 어원 맞추기를 주제로 골든벨 같은 대회를 열어도 좋을 것 같아요. 열심히 읽고 기억하려고 애쓰는 아이들 모습이 그려집니다.

★ 장효진 선생님

학생들이 읽다 지치지 않도록 문단의 내용이 짧고 간결한 점이 좋았습니다. 또한 초등학교 과학 교과와 연계하여 식물군을 정리한 점도 좋았어요. 삽화도 깔끔하였습니다. 주변에서 흔히 볼 수 있는 식물인 점도 좋네요. 그리고 여러 가지로 활용이 많은 책이에요.

1. 5학년 실과 3단원 〈꽃과 채소 가꾸기〉에서 채소 관련 단원과 연계할 수 있어요.

2. 5학년 실과 5단원 〈우리의 식사〉에서도 버섯이나 과일, 돼지감자 같은 것들을 동기유발로 쓸 수 있어요.

3. 또 미술 교과에 있는 〈전체와 부분〉이라는 단원에서는 주변의 것들의 부분이나 전체를 관찰하여 그리는데, 삽화들을 도움 자료로 쓸 수 있어요.

4. 저는 개인적으로 시골 학교에 근무하기 때문에 종종 학생들과 주변을 산책합니다. 이 책을 들고 아이들과 주변의 흔한 메꽃, 장다리꽃, 달개비꽃을 보고 이야기도 해주고, 어원을 함께 풀어서 이야기하면 더 즐거운 체험 학습이 될 것 같아요.

5. 국어 수업에서 어근과 어말을 나누어야 하는 경우가 나오죠. 예를 들면 사전 찾을 때 '밝고, 밝으니, 밝아서'의 기본형은 어근인 '밝'과 '다'를 합쳐 '밝다'인 것처럼. 그럴 때 어원을 들어 설명하면 애들이 조금 더 잘 이해할 수 있어요.

★ 조성모 선생님

그동안 선생님들도 잘 몰라서 그냥 지나쳤을 식물 어원을 너무나 재미있고 잘 풀어서 쓴 글이라 정말이지 할 수만 있다면 모든 초등학교 교사 및 도서관에 다 추천하고 싶네요. 이 책은 이렇게 활용할 수 있어요.

1. 책 앞에서 밝혔듯이 초등과학 교과서 교육 과정 내용과 연계해서 식물 어원을 학생들에게 교육시킬 수 있어서 과학이 어렵게 느껴지는 학생들이 쉽게 접근할 수 있어요.

2. 과학 교육 과정의 일환으로 〈식물 키우기〉 단원에서 식물을 직접 키우면서 보고 그리고 관찰하기에 적합해요.

3. 초등 고학년 재량 시간 중 주당 1시간씩 있는 컴퓨터 정보 교육 시간에 인터넷을 이용해 식물 이름, 어원에 관해 정보를 찾아보고, 파워포인트 프로그램을 이용하여 조별 발표 해보기 과정에 적합해요.

4. 미술 교육 과정에서 식물 정물화 그리기, 풍경화 그리기에도 활용할 수 있어요.

5. 식물 어원 찾아보고 발표해 보기 등으로 국어과 및 사회과(역사)와 많이 관련되어 있어요.

길을 걷다 이쁜 꽃, 예쁜 잎을 보면 꼭 이름이 궁금해지곤 했는데, 이제야 그 꽃을 보고 꽃 이름을 불러주고 제 마음에 담아봅니다. 아이들과 학교 담장에서, 골목길에서, 숲길에서 마주치는 꽃을 이제는 그 어원까지 이야기해 주면서 같이 불러주고 싶습니다.

★ 권종순 선생님

식물의 어원 이야기, 제가 무척이나 좋아하고 재미있어 하는 분야입니다. 식물도 동물도 제각각 이름이 있는데, 그 이름이 생기게 된 어원을 보면 더 정감이 가고, 더 재미있거든요.

저는 수업 시간에 아이들에게 가끔 어원을 알려주지요. 예를 들어, 6학년 1학기 국어 교과서에 장끼전이 나오는데, "꿩의 암컷은 뭐라고 할까요?" "까투리요." "꿩의 수컷은 뭐라고 할까요?" "장끼요." "그러면 꿩의 새끼는 뭐라고 하지요?" "……" "꺼병이라고 한답니다." 등의 질문을 하고 답을 알려 주지요.

어느 정도 설명이 되면 "그럼, 우리가 아는 동물들의 새끼 이름을 얼마나 알고 있나 한 번 확인해 볼까요?" "소의 새끼는?" "송아지요." "개의 새끼는?" "강아지요." "말의 새끼는?" "망아지요." "그럼, 호랑이의 새끼는?" "……" "그럼, 곰의 새끼는?" "……" 이런 식으로 수업에 사용합니다.

식물도 마찬가지예요. "개나리가 왜 개나리일까요? 한 번 생각해 본 적이 있나요?" "살구 중에 개살구가 있어요. 들어봤나요?" "복숭아 중에는 개복숭아도 있답니다. 들어봤나요?"

그럼 아이들 중에 들어본 아이도 있지요. 그러나 그 뜻을 모르는 아이들이 대부분입니다. 아이들에게 궁금증을 유발하게 하는 것, 학문에 관심을 갖게 하는 것, 그것이 동기유발의 최고이지요. 그런 후에 아이들에게 설명해 주면 아이들의 상식이 늘어만 갑니다. 재미있어 하구요.

이야기 식으로 전개해 주면 집중도도 높아지고, 수업도 훨씬 재미있어집니다. 그래서 교사가 많이 알고 있어야 합니다. 지도서에는 이런 내용이 없거든요.

이 책을 보면서 우리가 우리의 것을 얼마나 알고 있을까 생각해 보았습니다. 매일 보며 지나치는 모든 것들에게도 어원이 있다는 사실, 식물의 어원을 찾아 재미있는 여행을 떠나보았습니다. 아는 만큼 보이는 것이 여행의 참맛이지요. 그냥 지나쳤던 식물을 다시 보는 참여행이 되었습니다.

★ 최종득 선생님

우리 주위에서 흔히 볼 수 있는 꽃과 나무, 풀과 과일, 열매와 넝쿨, 버섯까지 어원을 들어 설명한 것은 참으로 흥미롭고 새롭습니다. 자연은 이름이 중요한 것이 아니라 마음으로 느끼는 것이 중요하다고 하지만 아는 만큼 보인다고, 이름을 알고 보면 더 사랑스럽고 예쁘게 보입니다. 그리고 왜 이런 이름이 생겼는지를 알면 더 신기하고 새로워서 자꾸 자꾸 보게 되고 궁금해져서 다시 보게 됩니다.

학교 현장에서 이 책은 여러모로 활용이 많습니다.

1. 국어 시간에 설명문이나 관찰문 따위, 어원 공부할 때 참고 글로 활용이 가능합니다.

2. 당연히 과학 시간에 식물 단원에서 많이 이용할 수 있습니다.

3. 시기별 계기 교육 자료로 활용이 가능합니다. 즉, 식목일 때 식물 이름 알아맞히기, 한글날 때 어원 알아맞히기, 봄, 여름, 가을의 계절별로 피는 꽃 알아맞히기 따위.

이 책은 우리 곁에서 언제나 우리를 지켜봐 주었던 꽃과 나무, 풀과 과일에 대해 이제는 우리가 관심을 가질 수 있도록 하는 힘을 지니고 있습니다. 집 밖을 나설 때나 어디를 갈 때 항상 옆에 끼고 다니면서 꽃을 살피고 나무를 살피고, 풀을 살피고 싶습니다.

★ 이정아 선생님

　4학년 2학기 1단원 식물의 세계를 가르치는 내용 중에 식물의 이름이 어떻게 지어지는지 알아보고, 식물의 이름과 특징을 연결시켜 보는 활동이 있어요. 그걸 가르치면서 여러 가지 식물 관련 책(도감류)을 아이들에게 소개해 주기는 했지만, 정작 우리 산과 들에서 자란 식물들의 이름이 정확이 어떤 유래로 지어졌는지 설명하기 곤란한 경우가 많았는데, 교육 과정에 꼭 필요한 필수 수업자료가 되겠네요. 책이 나오면 꼭 필독서로 지정해서 아이들하고 함께 읽어볼 겁니다.

　그림도 선명하고 특징이 뚜렷해서 정말 좋네요. 아이들이 보기에는 사진보다는 특징을 잘 잡아서 그린 세밀화가 훨씬 유용한데, 그림도 정말 제 맘에 쏙 듭니다. 제가 좋아하는 스타일의 그림이에요. 식물 관련 노래를 따라 부르다 보면 아이들이 식물의 이름과 더 가까워지겠죠. 아는 노래가 나와서 읽으면서 마음속으로 흥얼흥얼했답니다.

★ 천영진 선생님

　우리 아이들이 그냥 지나칠 수 있는 꽃 이름의 어원을 읽기 편하게 잘 만들었습니다.

　우리 학교에서도 여러 활동 중에서 개인 화분 가꾸기를 합니다. 요즘은 예전에 비해 우리 꽃과 식물에 대한 관심이 많아지고 있지요. **과학 책과 연계하여 이용할 수 있는 보조 교과서로 이용하면 좋을 듯합니다.** 교사에게는 수업 시작에 사용할 수 있는 좋은 동기유발 교재이기도 하고요. 수업 시작 때에 아이들에게 들려주면 무척이나 좋아 할 것 같아요.

★ 윤해영 선생님

산에서 들에서 만날 수 있는 식물들에 이런 어원이 있었다니 이름 하나 모양 하나 그냥 지나치지 않은 우리 선조들의 섬세함이 느껴지는 책입니다.

이 책은 국어에서 시 쓰기 같은 것을 할 때 맘에 드는 식물을 찾아 어원도 함께 넣어 느낌 시 쓰기를 하면 더 알찬 시 쓰기를 할 수 있어요. 그리고 자투리 시간에 식물 이름에 대해서 아이들에게 하나씩 안내할 때 쓰기에도 참 좋아요. 음악의 노랫말 만들기에서는 식물을 정하고 그 식물과 관련된 노랫말을 만들어 가사 바꾸어 부르기 같은 것을 할 수 있고요.

세밀화로 그림이 그려져 있던데, 그것을 따라 그리기해 볼 수도 있습니다.

★ 이미선 선생님

저는 아침 자습 시간에 아이들에게 어원을 하나씩 얘기해 줘요. 그림과 사진 보여주고 아이들에게 힌트 같은 거 줘서 어원이 어디서 왔을까 같이 생각해 보고 얘기해 주는 거죠. 얘기해 주기 전에 아이들이 어원의 이야기를 만들어 오고, 그 다음에 서로 생각 나눈 다음 어원 이야기를 해 주는 거죠.

★ 정만호 선생님

　각양각색의 꽃을 가진 다양한 식물들을 따뜻한 색감으로 살린 책이라 마음까지 따뜻해졌습니다. 우리 아이들이 이 책을 만나면 얼마나 좋아할까 생각해 보았습니다.

　국어과와 과학과에서 관련된 단원을 공부할 때, 특히 금번 교육과정에서는 과학과에서 자유탐구가 신설되었습니다. 일종의 프로젝트 학습입니다. 이 책을 같이 읽어보고 자유탐구 시간에 교과서 이외 우리 주변의 익숙하지만 이름은 생소한 식물들의 이름을 스스로 지어보는 활동에 활용하면 매우 유익합니다. 활동의 수준상, 3학년이나 4학년 학생들에게 적합하고요.

　주변의 풀이며 나무, 여러 꽃을 만나면 가장 먼저 드는 생각! 바로 '이건 이름이 뭘까?' 입니다. 한 번 보고 들어도 금방 잊기 쉬운 식물들의 이름. 그 이름의 유래를 알고 있다면 오래 기억할 수 있을 거예요. 특히 교과서에 실린 식물들이라 책도 읽고, 공부도 할 수 있고, 주변의 식물 이름까지 알 수 있어서 그야말로 일석삼조지요.

★ 진영란 선생님

　평소에 무심코 지나쳤던 이름들이 자세히 설명되어 있어서 오히려 제게 더 도움이 되었습니다. 저는 시골에 살아서 여기에 나온 풀과 나무들을 잘 알고 있어서 내용이 쏙쏙 잘 들어왔는데 아이들에게는 좀 어려워서 **엄마들이 아이들과 식물 얘기할 때 유용한 자료인 것 같습니다. 선생님들께도 그렇고요.**

★ 김미영 선생님

5학년 실과 3단원에 〈꽃과 채소 가꾸기〉라는 단원이 있습니다. 그 단원과 관련해서 책을 살펴보고 꽃을 가꾸는 실습을 한다면 아이들이 더 많은 관심과 애정으로 꽃을 가꿀 수 있지 않았을까 생각이 들었습니다. **과학에서 〈열매〉 단원 공부할 때 함께 살펴보아도 좋고요.**

아이들에게 원고의 내용 중 수박과 돼지감자 부분을 보여주고 함께 이야기 나누는 시간을 가졌는데 정말 즐거워했습니다. '돼지감자'라는 새로운 별명이 탄생될 듯도 합니다. 우리가 몰랐던 이야기들을 예쁜 그림과 함께 볼 수 있어서 참 좋습니다.

★ 엄영숙 선생님

봄, 여름, 가을, 겨울 학교에서 아이들과 학교 화단이나 교재원에 있는 식물들을 보고, 과학 학습이나 미술 활동 보고 그리기를 할 때 손 안에 넣고 다니며 함께 볼 수 있는 책! 식물 이름 유래 책이 나와서 참 반갑습니다.

정답 및 해설

1단계 | 기본문제

1. ① 강낭콩 ② 나리(백합) ③ 달맞이꽃 ④ 돼지감자
⑤ 복사꽃(복숭아꽃) ⑥ 부레옥잠 ⑦ 조팝나무 ⑧ 팽이버섯

2. 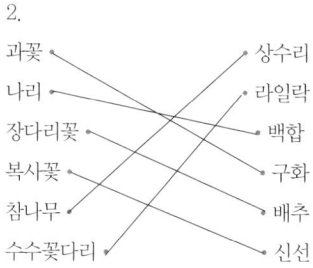   3.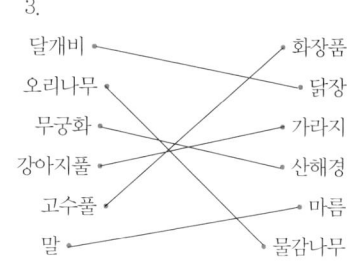

4. ⓞ 닭의장풀(70쪽) 5. ⓒ 라일락(24쪽) 6. ㉠ 국화(10쪽) 7. ⓛ 복숭아꽃(20쪽)
8. ㉥ 버들강아지(44쪽) 9. ㉢ 으악새(72쪽) 10. ㉦ 목근화(58쪽)
11. ㉣ 포플러(40쪽) 12. ㉤ 참달래꽃(22쪽)

13. 천장 무늬, 문짝(11쪽) 14. 참, 개(13쪽) 15. 꺼꾸리, 장다리(19쪽)
16. 상수리, 도토리(37쪽)   17. 오리나무, 물푸레나무, 옻나무, 치자나무(47~49쪽)
18. 양달, 응달, 비탈(58쪽) 19. 넝쿨 식물, 나물, 열매(78, 88, 103쪽)
20. 목이버섯, 석이버섯(107~108쪽)

21. ① 구콰 ② 꼳 ③ 꼳닙 ④ 해뻗 ⑤ 불근색 ⑥ 온나무 ⑦ 달긔장풀(달게장풀) ⑧ 곧깜 ⑨ 뒤얼키다
① 자음 'ㄱ, ㄷ, ㅂ, ㅈ'이 자음 'ㅎ'과 결합하면 'ㅋ, ㅌ, ㅍ, ㅊ'으로 변해요. 그러니까 '국화'에서 '국'의 받침 'ㄱ'과 '화'의 'ㅎ'이 결합해서 'ㅋ' 하나로 줄어서 발음되는 거예요. 이런 현상을 자음 축약이라고 해요.
② 우리말에서는 'ㄱ, ㄴ, ㄷ, ㄹ, ㅁ, ㅂ, ㅇ'의 7자음만 음절의 끝소리로 발음돼요. 그 이외의 받침은 이 7자음 중 하나로 바뀌어 발음되는데, 이런 현상을 음절의 끝소리 규칙이라고 해요. 받침으로 오는 'ㄷ, ㅌ, ㅅ, ㅆ, ㅈ, ㅊ, ㅎ'은 모두 'ㄷ'으로 발음돼요.

그래서 '꽃'의 받침 'ㅊ'이 'ㄷ'으로 발음되는 거예요.
③ '꽃잎'은 '꽃'과 '잎'이 결합된 낱말이에요. 이렇게 두 낱말이 결합해서 만들어진 낱말은 앞 낱말의 끝이 자음이고 뒤 낱말의 첫 음절이 '이, 야, 여, 요, 유'일 경우에는 'ㄴ'을 첨가해서 '니, 냐, 녀, 뇨, 뉴'로 발음해요. '꽃'과 '잎'은 음절의 끝소리 규칙 때문에 각각 '꼳'과 '입'으로 발음되는데 두 낱말이 결합했으니까 '꼳닙'이 되어요. 그런데 자음과 자음이 만났을 때 서로 영향을 주고받아 한쪽이나 양쪽 모두 비슷한 소리로 바뀌는 현상이 있어요. 그걸 자음 동화라고 하는데, '꼳닙'에서는 '꼳'의 'ㄷ'과 '닙'의 'ㄴ'이 서로 영향을 주고받아서 둘 모두 'ㄴ'으로 발음돼요. 정리하면 '꼳입' → '꼳닙' → '꼰닙'이에요.
④ '해'와 '빛'이 결합되면서 뒤 낱말인 '빛'의 'ㅂ'이 된소리로 발음돼요. 표기는 사이시옷을 넣어서 '햇빛'이라고 적습니다.
⑤ '붉'의 받침 'ㄺ'의 'ㄱ'이 뒤에 오는 '은'으로 넘어가서 '불근색'으로 발음돼요.
⑥ '옻나무'는 먼저 음절의 끝소리 규칙에 의해 '옫나무'가 되어요. 그리고 자음과 자음이 만났을 때 서로 영향을 주고받아 한쪽이나 양쪽 모두 비슷한 소리로 바뀌는 현상인 자음 동화에 의해 '온나무'로 발음돼요. 즉, '옫'의 받침 'ㄷ'과 '나무'의 'ㄴ'이 서로 영향을 주고받아 '온나무'가 되지요.
⑦ '닭'의 받침 'ㄺ'의 'ㄱ'이 뒤에 오는 '의'로 넘어가서 '달긔장풀'로 발음돼요. '의'는 '에'로도 발음되기 때문에 '달게장풀'도 답이에요.
⑧ '곶감'은 먼저 음절의 끝소리 규칙에 의해 '곧감'이 되어요. 그리고 '곧'의 'ㄷ'과 '감'의 'ㄱ'이 만나 'ㄲ'이 된소리가 되어 '곧깜'으로 발음해요.
⑨ 앞의 ①번 문제 설명에서 자음 'ㄱ, ㄷ, ㅂ, ㅈ'이 자음 'ㅎ'과 결합하면 'ㅋ, ㅌ, ㅍ, ㅊ'으로 변하는 현상을 자음 축약이라고 했어요. '뒤얽히다'에서 '얽'의 받침 'ㄺ' 중 'ㄱ'이 다음에 오는 '히'의 'ㅎ'과 만나서 'ㅋ' 하나로 줄어서 발음돼요. 그래서 '뒤얼키다'로 발음되는 거예요.

22. ① 철쭉 ② 비녀를 꽂다 ③ 떡갈나무 ④ 끓여 먹다 ⑤ 굶주리다 ⑥ 강낭콩 ⑦ 칡
① '철죽'은 없는 말이에요.
② '꽃다'는 없는 말이에요.
③ 발음은 '떡깔나무'이지만, 소리 나는 대로 쓰지 않고 '떡갈나무'라고 써요.
④ 발음은 '끌여 먹다'이지만, 소리 나는 대로 쓰지 않고 '끓여 먹다'라고 써요. 우리말

맞춤법 규정에는 말을 적을 때 소리에 기초해서 적긴 하지만, 되도록 원형을 밝혀서 적으라는 규정이 있어요. 소리 나는 대로만 적으면 어떤 뜻의 말인지 구별하기가 어렵기 때문이에요.
⑤ 발음은 '굼주리다' 이지만, 소리 나는 대로 쓰지 않고 '굶주리다' 라고 써요.
⑥ 중국에서 들어온 '강남콩' 은 오랫동안 '강남콩' 으로 쓰이다가 지금은 '강남콩' 은 인정하지 않고 '강낭콩' 만 인정해요.
⑦ '칙' 은 없는 말이에요.

2단계 | 시험에서 자주 틀리는 문제

1. ④ 낱말 사이의 관계에는 비슷한 말 관계, 포함하는 관계, 대등한 관계, 반대되는 관계, 모순되는 관계 등이 있어요. 이중 반대 관계와 모순 관계는 시험에서 자주 묻는 문제예요. 반대 관계는 '뜨겁다-차갑다' 처럼 반대의 의미를 갖는 말을 뜻하는데, '미지근하다' 처럼 중간이 있어요. 모순 관계는 중간이 없어요. 남자와 여자, 있다와 없다, 삶과 죽음 사이에는 중간이 없지만, 꺼꾸리와 장다리 사이에는 평균 키를 가진 사람, 흑과 백 사이에는 회색이 있지요.

2. ③ 고수풀은 한해살이풀에 속하기 때문에 서로 포함 관계에 있는 말들이에요. ①, ②는 반대 관계, ④는 대등 관계이고, 송이버섯은 버섯에 속하지요.

3. ① 고비와 고사리는 모두 나물에 속하면서 대등 관계에 있어요. ②, ④는 포함 관계, ③은 비슷한 말이지요.

4. ① '보통' 은 '일반적으로, 흔히' 의 뜻을 지니고 있어요.

5. ④ 앞뒤의 글을 통해 알맞은 접속사를 묻는 문제예요. 괄호 앞뒤의 관계는 서로 반대이기 때문에 '하지만' 이 와야 해요. '하고' 는 대등한 관계, '해서' 와 '하므로' 는 원인과 결과를 나타낼 때 써요.

6. ④ '어여쁜' 은 '예쁜' 을 예스럽게 이르는 말이에요. '순한' 은 '성질이나 태도가 까다

롭거나 고집스럽지 않은' 이라는 뜻이니까 '어여쁜' 과는 다른 말이지요.

7. ③ '초점' 은 어떤 것의 가장 중심이 되는 부분을 말해요. '치우치다' 는 '균형을 잃고 한쪽으로 쏠리다' 는 뜻으로 부정적인 의미를 가지고 있지요.

8. ④ '종종' 은 '가끔' 이라는 뜻이에요.

9. ② 반죽 위에 진달래꽃잎을 놓아서 화전을 해 먹었다는 이야기니까 바꾸어 쓰기에 가장 적절한 말은 '넣어서' 예요.

10. '미나리' 의 '미' 는 옛날 고구려에서 '물' 이라는 뜻으로 쓰던 말이에요.(15쪽)

11. '고수풀' 의 '고수' 는 사실 '고소하다, 구수하다' 의 어원이 되는 말로, 지금도 방언에 '고숩다, 꼬시다' 등으로 남아 있답니다.(65쪽)

12. 물풀 중에서 밤 모양의 열매가 열리는 물풀이 있는데, '말' 에서 나는 밤이라는 뜻으로 '말밤' 이라고 불렀답니다.(66쪽)

13. '새앙손이, 새앙머리, 새앙쥐, 새앙토끼' 에서 '새앙' 은 모두 '생강 모양의 것' 이라는 의미를 거쳐 '작고 뭉뚝한 것' 을 가리킨답니다.(69쪽)

| 3단계 | 틀리고 또 틀리는 문제 |

1. 부채살→부챗살, 바다말→바닷말
사이시옷을 넣어야 할지 말아야 할지에 대한 문제예요. 한글 맞춤법에서 사잇소리 현상이 나타날 때 쓰는 'ㅅ' 을 사이시옷이라고 해요. 순우리말이 합쳐져서 만들어진 말에서 앞의 말이 모음으로 끝날 때 뒷말의 첫소리가 된소리로 나거나 뒷말의 첫소리 'ㄴ, ㅁ' 앞에서 'ㄴ' 소리가 덧나면 사이시옷을 넣어요. '부채' 와 '살' 이 결합하면서 뒷말인 '살' 이 '쌀' 로 발음되기 때문에 사이시옷을 넣어 '부챗살' 로 표기하고, '바다' 와 '말' 이 결합하면서 뒷말인 '말' 의 'ㅁ' 앞에서 'ㄴ' 소리가 덧나기 때문에, 즉 '바단말' 로 발음되기 때문에 사이시옷을 넣어 '바닷말' 로 표기하지요.

2. 파란색이듯→파란색인데 비해(파란색인데 대해서)
알맞은 접속사를 묻는 문제예요. '~듯'은 비교나 비유를 나타내는 말이고 '~데 비해, ~데 대해서'는 대조되는 의미를 나타내는 말이에요. 앞뒤 문맥을 보면 나팔꽃과 메꽃의 상반되는 특징을 나타내고 있기 때문에 '파란색인데 비해' 또는 '파란색인데 대해서'로 고쳐 써야 해요.

3. 무우→무, 배춧꽃→배추꽃
'무우'는 잘못된 표현이에요. '배추꽃'은 '배추꼳'으로 발음되기 때문에 사이시옷을 넣지 않아요.

4. 무렵에도→무렵까지, 움직이지만→움직여서(움직이기 때문에)
'부터'와 어울리는 말은 '까지'예요. '해바라기'라고 불리는 이유는 해를 따라서 움직이기 때문이지요.

5. 덩쿨→넝쿨(덩굴)
'덩쿨'은 잘못된 말이에요. '넝쿨' 또는 '덩굴'이 맞답니다.

6. 떫은맛→떫은맛, 안답니다→않답니다
'떫은맛'은 없는 말이에요. 부정을 의미를 나타내는 '않답니다'를 써야 해요. '안답니다'는 없는 말이에요.

7. 피우기→피기
'~은/는/이/가'가 붙으면 '피다'를 쓰고, '~을/를'이 붙으면 '피우다'를 씁니다. '부레옥잠은'이라고 했기 때문에 '피기'가 맞아요.

8. 도톨이→도토리
'도톨이'는 없는 말이에요.

9. 단지→비록, 져버리는→겨버리는
'단지'는 '~할 뿐이다'와 어울리는 말이에요. '풀이지만'과 어울리는 말은 비록이에요. 꽃이나 잎 따위가 시들어 떨어질 때는 '져버리다'를 쓰고, 지켜야 할 도리나 의리를 어기거나 남이 바라는 바를 거절할 때는 '저버리다'를 써요.

10. 때→떼, 꼿꼿이→꼿꼿이
목적이나 행동을 같이하는 무리를 나타낼 때는 '떼'가 맞아요. '꼿꼿이'는 없는 표현이에요.

11. 엃었는데→얹었는데, 덥는→덮는, 가르치게→가리키게
'엃었는데'는 없는 표현이에요. '덮는'은 소리 나는 대로 쓰지 않고 '덮는'으로 표기해요. '가르치다'는 '지식이나 기능, 이치 따위를 깨닫거나 익히게 하다'란 뜻이고, 어떤 대상을 특별히 집어서 두드러지게 나타낼 때는 '가리키다'예요.

12. 그런데→그러니까(그래서, 그렇기 때문에, 때문에)
'그런데'는 화제를 앞의 내용과 관련시키면서 다른 방향으로 이끌어 나갈 때 쓰는 접속 사예요. 내용상 앞뒤 문장이 서로 인과(원인과 결과) 관계에 있기 때문에 '그러니까' 또는 '그래서, 그렇기 때문에' 등을 써야 해요.

13. 뻤어→뻗어, 잎파리→이파리
'뻤어' '잎파리'는 없는 표현이에요.

14. 흐드리게 피워→흐드러지게 피어
'흐드리다'는 없는 표현이고, '흐드러지다'는 '매우 탐스럽다'라는 뜻이에요. '~은/는/이/가'가 붙으면 '피다'를 쓰고, '~을/를'이 붙으면 '피우다'를 씁니다. '버들강아지는'이라고 했기 때문에 '피어'가 맞아요.

15. 산기슥→산기슭, 길까→길가
'산기슥'은 없는 말이에요. '길가'는 소리 나는 대로 쓰지 않고 '길가'로 표기해요.

16. 개흑→개흙, 석으면→섞으면
'개흑'은 없는 말이에요. '석다'는 '쌓인 눈이 속으로 녹다'라는 뜻이고, 두 가지 이상의 것을 한데 합칠 때는 '섞다'를 써요.

17. 깍아서→깎아서
'깍아서'는 잘못된 표현이에요.

18. ①
②~④까지의 '하고'는 둘 이상의 사물을 같은 자격으로 이어주는 접속사 '와(과)'의 의미를 갖는 말이고, ①의 '하고'는 '말하다'라는 뜻이에요.

19. ③
우리말에는 동음이의어와 다의어가 있어요. 동음이의어는 신체 부위 중 하나인 '배'와 먹는 '배'처럼 소리는 같지만 뜻이 다른 말이고, 다의어는 두 가지 이상의 의미를 갖는 낱말이에요. 물을 건너거나 한 곳에서 다른 곳으로 건너다닐 수 있게 만든 '다리'와 신체 부위 중 하나인 '다리'는 소리는 같지만 의미가 서로 다르기 때문에 동음이의어예요. 그리고 '다리를 세우다, 다리를 건너'할 때의 '다리'와 '그가 중간에서 다리를 놓아 물건을 쉽게 팔았다'할 때의 '다리'는 의미가 서로 다르긴 하지만 모두 물을 건너거나 한 곳에서 다른 곳으로 건너다닐 수 있게 만든 '다리'에서 온 말이에요. 뜻은 다르지만 무언가를 이어준다는 면에서 의미가 서로 관련이 있지요. 이런 말들을 다의어라고 해요. 문제에서 '다리'는 신체 부위를 나타내는 말에서 나온 말이기 때문에 ③번이 답이에요. ①, ②, ④의 '다리'는 모두 물을 건너거나 한 곳에서 다른 곳으로 건너다닐 수 있게 만든 '다리'에서 온 말이에요.

20. ④
①, ③의 '바람'은 공기의 움직임, ②는 남을 부추김의 뜻으로 썼어요. 문제와 ④의 '바람'은 근거나 원인을 나타내는 말이에요.

21. ④
①의 '길'은 여정, ②는 즉시, ③은 시간이나 공간을 거치는 과정의 뜻으로 썼어요. 문제와 ④의 '길'은 사람이나 차 따위가 다닐 수 있도록 만들어진 곳을 뜻해요.

22. ③
①의 '머리'는 사람이나 동물의 목 윗부분, ②, ④는 생각하고 판단하는 능력을 뜻해요. 문제와 ③의 '머리'는 머리카락을 의미해요.

23. ③
①의 '배'는 갑절, ②는 선박, ④는 배나무의 열매를 뜻해요. 문제와 ③의 '배'는 신체 부위 중 하나를 뜻해요.

24. ③
'공이에요, 아니에요'처럼 '~에요'는 '이다, 아니다'의 뒤에 붙어 쓰여요. 다만 받침이 없는 '어디, 거' 뒤에는 '이'가 붙고 그 뒤에 '~에요'가 붙은 '~이에요'의 준말 '예요'가 쓰이기 때문에 '어디예요, 미워하지 않을 거예요'로 씁니다.

25. ①
'마치'는 '~처럼'과 어울려 쓰는 말이에요. 따라서 '조밥에서'를 '조밥처럼'으로 바꿔 써야 합니다.